뇌가 지쳤을 뿐이에요

Brain On! © 2023 Deb Smolensky.
Original English language edition published by Amplify Publishing Group 620 Herndon Parkway, Suite 220, Herndon Virginia 20170, USA. Arranged via Licensor's Agent: DropCap Inc.
All rights reserved.

This Korean edition was published by Chaegjangsok BOOKS in 2025 by arrangement with Amplify Publishing Group c/o Dropcap, Inc through KCC(Korea Copyright Center Inc.), Seoul.

이 책은 ㈜한국저작권센터(KCC)를 통한 저작권자와의 독점계약으로 주식회사 책장속북스에서 출간되었습니다. 저작권법에 의해 한국 내에서 보호를 받는 저작물이므로 무단전재와 복제를 금합니다.

생각도 감정도 무기력할 때, 브레인 온!

뇌가 지쳤을 뿐이에요

뎁 스몰렌스키 지음 이상훈 옮김

목차

서문 6
자, 이제 '브레인 온!'을 향한 여정을 시작해 보자! 10

1부 우리 뇌에 멘탈 피트니스가 필요한 이유

- **1장** 왜 이렇게 집중하기 힘들까 24
- **2장** 도대체 나는 왜, 제대로 하는 일이 없을까 40
- **3장** 매일이 지치고 피곤한 이유 62
- **4장** 에너자이저 모드를 유지하려면 76

2부 나를 위한 '브레인 온!' 가이드북

- **5장** 내 에너지를 어디에 집중해야 할까 104
- **6장** 매일 맞닥뜨리는 장애물, 어떻게 극복할 수 있을까 127
- **7장** 멈춰버린 뇌를 다시 작동시키는 법 146
- **8장** '브레인 온' 상태인데, 왜 성과는 안 나지? 169

3부 팀을 위한 '브레인 온!' 가이드북

9장 팀원의 뇌를 에너자이저 모드로 유지하는 비결 195
10장 팀원들의 뇌에 에너지를 불어넣는 법 216
11장 우리 팀을 진짜로 살아 움직이게 하려면 247

에필로그   이제 시작이다! 오늘도 성공적인 하루를 만들자! 264

서문

피터 드러커Peter Drucker가 사고 활동을 업으로 삼는 노동자 계층의 증가를 설명하기 위해 '지식 노동자knowledge worker'라는 용어를 만들어낸 지도 60년이 넘었다. 현재는 전 세계적으로 거의 10억 명에 달하는 사람들이 지식 노동자로 일하며 경제 혁신과 발전을 주도하고 있다.

마음에서 시작해서 자기 자신을 먼저 관리하지 않는다면 다른 사람을 관리할 수 없다는 피터 드러커의 통찰력 있는 철학에 따라 내가 기업 임원진 마인드Executive Mind 과정을 가르치기 시작한 지도 20년이 넘었다. 그러나 기업 임원이 제멋대로인 주의력을 통제하고 생존 본능에 따른 반응을 조절하며 인간이 본래 지닌 무의식적 태도를 극복할 뿐만 아니라, 힘든 감정을 생산적 에너지로 전환하는 방법을 체계적으로 배울 수 있는 교육 프로그램은 여전히 안타까울 정도로 드문 것이 현실이다.

게다가 지식 노동자는 '사회적 노동자social worker'이기도 하다. 다양한 팀과 협력해야 하고 효과적인 관계를 구축해야 하며, 수평적 분산형 조직 구조에서 일하기 위해서는 훨씬 더 높은 수준의 의사소통 능력을 갖춰야 하기 때문이다.

이 모든 필요는 우리가 기후 변화로 인해 예측할 수 없는 환경에 적응하는 동시에, 인종과 성에 따른 차별과 정의 및 권위, 그리고 권력 등 민감하면서도 중요한 이슈를 다시 살펴보는 가운데 발생하고 있다. 간단히 말해서, 우리는 극도로 복잡하고 감정적 변화가 극심한 환경에서도 효과적으로 일할 수 있는 능력이 필수적인 시대를 살아가고 있다.

그렇다면 우리 사회는 노동자들이 이러한 변화에 적응하는 데 어떠한 도움을 제공했을까? 육체노동에서 정신적, 감정적 및 사회적 노동으로 근본적인 변화를 지원하기 위해 어떠한 혁신을 이루었는가? 우선, 집중력을 높이고 업무에 몰입할 수 있는 환경을 조성하기보다는 벽을 없애버리고 낮은 칸막이로 자리를 구분한 큐비클cubicle로 구성된 이른바 액션 오피스action office 시스템을 만들었다. 그 좁은 자리에 앉자마자 멀티태스킹 가능한 컴퓨터처럼 여러 업무를 동시에 처리하도록 독려함으로써 노동자의 정신적 에너지가 소진되는 결과를 초래했다. 여기에 더해 개발된 '24시간 연결' 기술은 사람들이 충분히 휴식하고 재충전할 시간마저 없애버렸다. 이런 상황에서 번아웃에 시달리는 수많은 사람이 사무실로 돌아가기를 거부하거나 대규모 사직 행렬이 이어지는 것이 과연 놀라운 일일까? 대체 누가 그러한 삶을 원한다는 말인가?

생각하고 느끼며 사회적으로 교류하는 일을 업으로 삼는 인간이 가장 필요로 하는 본질적인 요소인 '뇌'를 돌보는 일에 인류는 철저히 실패했다.

적어도 지금까지는 그랬다.

이 책의 저자 뎁 스몰렌스키Deb Smolensky는 심오한 통찰력과 탁월한 실용성을 무기로 누구나 쉽게 이해하고 실천할 수 있으며 시대를 초월해 큰 의미가 있는 결과를 만들어냈다. 저자는 조직의 리더들이 지난 반세기 동안 우리 눈앞에 분명히 존재했으나 간과했던 현실을 깨닫는 데 도움을 준다. 지식 노동자는 (그리고 당연히 모든 인간은) 성장과 탐구, 발전을 지원하는 환경에서 성장하고 성공한다. 반면, 두려움과 위협이 만연한 환경에서는 위축되기 마련이다. 여기서 돋보이는 저자의 재능은 이러한 깨달음을 우리가 매일 만나는 직장이라는 세상에서 적용할 수 있는 관리 방식의 핵심으로 풀어낸다는 데 있다.

이 책에서 저자는 보통 '비과학적이다', '낯간지럽다', 또는 기껏해야 선심 쓰듯 '소프트 스킬soft skill'이라는 꼬리표가 붙어 평가절하되는 다양한 개념을 다룬다. 그리고 이러한 개념들이 조직의 성공에 필수 불가결한 이유를 독자들이 차근차근 이해할 수 있도록 안내한다.

수십 년간 인적자원 관리human resources management(HRM) 분야에서 쌓은 실무 경험을 바탕으로, 저자는 마치 모든 것을 꿰뚫어 보는 현명한 멘토처럼, 이 책에서 소개하는 다양한 도구들을 기업과 조직에서 어떻게 활용할 수 있는지 누구나 이해할 수 있게 설명한다. 이 책에서 다루는 개념과 도구는 채용, 보상, 성과 평가, 인재 유출 방지 등과 어떠한 관계가 있을까? 가능성과 학습, 성장에 열린 마음을 갖도록 유도하기 위해서는 어떠한 질문을 던져야 할까? 까다로운 상황을 원활하게 해결하려면 어떠한 말을 해야 할까? 저자는 이와 같은 질문을 깊이 파고들어 구체적인 답을 제시한다.

또한 저자는 내가 긴 시간 관찰해 온 현상의 비밀을 풀어낸다. 평범한 관리자는 팀이 담당 업무를 끝내는 데 자신의 노력을 집중하지만, 탁월한 관리자는 양질의 인간관계를 구축하여 팀 구성원의 에너지를 불러일으킨다. 심리적 안정감과 신뢰, 유머와 친절함, 그리고 공감과 도움이 되는 문제 제기가 만들어내는 힘은 말 그대로 막강하다. 평범한 관리자가 그토록 평범한 이유는 무심코 잘못된 행동을 반복하기 때문이다. 그러면 개인과 조직을 혁신적으로 탈바꿈하는 에너지를 활성화하는 방법은 과연 어디에서 배울 수 있을까?

이 책은 인적자원 관리 분야의 전문가가 동료 실무자들을 위해 쓴 것으로, 조직의 사기를 북돋우고 성과를 개선하는 실천적인 방법을 구현할 수 있는 실용적인 매뉴얼이다. 동시에 개인이 현대 사회의 혼란스러운 업무 환경에서 생존하는 것을 넘어서 정신 건강을 지키며 성공할 수 있도록 돕는 비법서이기도 하다.

무엇보다 중요한 점은 이 책을 읽다 보면 끊임없이 변화하는 세상에서 '인적자원' 관리를 위한 혁신적인 목소리가 꾸준히 울려 퍼지고 있다는 사실을 알아차릴 수 있다는 것이다.

제레미 헌터 Jeremy Hunter, PhD
클레어몬트대학교 피터 드러커 경영대학원 교수 겸
기업 임원진 마인드 리더십 연구소 창립 이사

자, 이제 '브레인 온!'을 향한 여정을 시작해 보자!

나는 직장 내 정신적 웰빙well-being과 업무성과 사이의 관계를 기반으로 경력 대부분을 쌓아왔다. 그리고 그 과정에서 깨달은 사실은 웰빙이 단순히 신체적 또는 경제적 상태에만 국한되지 않는다는 것이다. 진정한 웰빙의 핵심은 강하고 건강하며 회복탄력성이 높은 마음을 함양하는 것이다. 그래서 나는 직장과 일에서 성공하는 유일한 방법은 정신적 웰빙을 다른 무엇보다 중요하게 여기는 것이라고 믿는다. 이는 근본적으로 새로운 시각으로 일과 직장 생활을 바라보는 방식이며, 그날 해야 하는 일과 씨름하거나 팀 안팎의 동료들과 교류하기 전에 먼저 자기 자신의 정신적 웰빙을 살피고 돌보는 것을 의미한다.

여기, 독자 여러분의 '뇌 트레이너'가 있다

나는 수백 개의 대기업에서 일하는 수많은 직원을 위한 전략과 프로그램을 설계해 왔다. 그리고 이 경험으로 우리 대부분이 자율주행하는 자동차처럼 뇌가 이성적 사고를 멈춘 '브레인 오프brain off' 상태에서 일상을 보낼 때의 문제점에 대해 완전히 새로운 시각을 갖게 되었다. 사실 우리는 더 생산적이고 행복한 직장 생활을 할 수 있도록 뇌의 에너지를 보호하고 조절하는 방법을 배운 적이 없다. 단지 나 혼자만의 생각이 아니다. 다양한 과학적 연구에 따르면, 뇌를 훈련함으로써 직장에서 더 집중력 있고 에너지 넘치며 즐겁게 시간을 보낼 수 있다. 그리고 이러한 상태에 도달하면 동료들과 더 깊은 관계를 형성할 수 있으며, 꾸준히 능력을 개발하고 목표를 달성할 에너지를 갖추게 된다. 이것이 바로 일과 삶에서 진정한 행복이 존재하는 지점이다.

나는 뇌가 매력적인 존재라고 늘 생각했으며 그 작동 방식에 놀라움을 금치 못한다. 이런 이유로 신경과학과 심리학에 매료되어 이 분야를 꾸준히 공부하고 연구했다. 지난 수십 년간 내가 깨달은 가장 강력한 진실은 우리 머릿속에 자리한 이 복잡하고 신비로운 회백질, 즉 뇌가 '근육'을 강화하는 '멘탈 피트니스' 훈련을 통해 더 나은 모습으로 업그레이드될 수 있다는 것이다.

물론 우리 몸의 다른 기관과는 달리 뇌에 실제로 근육이 있는 것은 아니지만, 나는 뇌를 더 현명하고 회복탄력성이 높게 만드는 과정을 이러한 방식으로 생각하는 것을 좋아한다. 뇌가 깨어있는 '브레인 온brain on' 상태를 유지하며 더 건강하고 생산적으로 일상적인 활동에 대응하는 법을 배우는 과정에서, 우리 뇌의 '근육'은 점점 더 튼튼해진다. 이처럼 근육에 빗댄 설명은 내가 신경과학과 심리학, 예방의학 분야의 지식을 쉽게 이해할 수 있는 용어와 개념으로 바꿔 표현함으로써 누구나 '고성능 뇌'를 개발할 수 있도록 이끄는 방식이다.

나는 스스로 멘탈 피트니스 훈련 분야에서 최고의 도서를 쓴 저자이자 강사라고 자부한다. 업무 환경에서 인간의 뇌가 물리적, 정서적 및 정신적 차원에서 작동하는 방식을 지난 수십 년 동안 깊이 연구한 경험이 그 근거이자 이유다. 실제로 나는 다수의 공식적인 교육 프로그램뿐 아니라 개인적으로는 방대한 독서와 학습을 통해 우리 뇌의 작동 방식을 탐구했다. 그리고 그 과정에서 '어떻게 하면 일에서 더 큰 즐거움과 의미를 찾을 수 있을까? 스트레스를 줄이면서 더 많은 에너지를 얻고, 열정을 불태우면서 더 깊은 인간관계를 구축할 수 있을까?'라는 질문에 대한 답을 찾기 위해 꾸준히 노력했다.

내게 있어 가장 결정적인 순간은 본래 인간의 뇌가 선사시대의 생존 문제를 해결하도록 설계되었다는 사실을 깨달은 때였다. 즉, 우리 뇌는 빠르게 변화하고 더없이 복잡하며 끝없는 도전을 요구하는 21세기 현대 사회의 문제를 해결하는 데 최적화되어 있지 않다. 모든 인간은 더 현명하게 사고할 수 있는 뇌의 작동을 멈추게 하고 집중력을 완전히 잃게 만드는 원시적인 자극 반응을 갖고 태어났다. 그래서 우리가 일상 속 수많은 사건이나 상호작용을 위협으로 인식하게 되며, 결과적으로 쉽게 산만해지고 어쩔 줄 몰라 하며 일정 지연, 책임 회피, 두려움 등 다양한 유형의 건강하지 않은 생각과 행동 패턴에 빠지게 되는 것이다. 이것이 바로 우리 마음이 '브레인 오프' 모드에 있을 때 나타나는 부정적인 결과다.

이 책을 읽고 있는 독자 여러분은 내가 이미 끝낸 이 '숙제'를 충분히 활용하기를 바란다. 나는 내가 지금까지 쌓은 뇌 관련 지식은 물론이고 나와 고객들이 '브레인 온!' 상태를 유지하기 위해 개발한 일상적인 연습법과 팁을 공유하는 일이 나의 사명이라고 생각한다. 내가 진정으로 바라는 것이 있다면, 독자 여러분이 더 강력하고 건강하며 회복탄력성 높은 뇌를 구축하여 일과 삶 모두에서 더 큰 행복을 누리는 데 이 책이 도움이 되는 것이다.

우리 모두에게 적용되는 한 가지 진실이 있다. 인간의 뇌는 일정 시간 동안만 집중할 수 있으며, 그 이후에는 반드시 휴식이 필요하다는 것이다. 나는 집중력을 높이기 위해 이른바 포모도로 기법Pomodoro Technique을 활용한다. 이는 25분 동안 한 가지 일에 집중한 후 5분간 뇌에 휴식을 부여하는 방식이다. 이 생산성 향상 전략은 내게 상당히 효과적이었다. 독자 여러분도 이 책을 읽을 때 시도해 볼 것을 권한다. 즉, 25분 동안 집중해서 읽은 다음 몇 분간 그 내용을 되돌아보는 것이다. 아니면 5분 동안 아무런 자극 없이 뇌를 쉬게 해도 괜찮다. 각종 소셜 미디어를 확인하거나 주말 날씨를 검색하지 말고, 창밖에 보이는 나무를 보거나 사무실이라면 자연 풍경이 담긴 사진을 그저 멍하니 쳐다보면 된다. 이 포모도로 기법은 이 책의 여러 장에서 다루는 내용에도 반영되어 있다.

또한 나는 독자 여러분이 이 책을 한 번에 읽기보다는 여러 번에 나누어 읽기를 권한다. 신경과학 분야의 연구에 따르면, 우리 뇌는 짧은 낮잠이나 충분한 숙면, 심지어 며칠간의 휴가 같은 휴식과 회복의 시간을 통해 정보를 처리할 여유를 가질 때 기억력이 훨씬 더 좋아진다. 이 시간 동안 뇌가 단기적으로 습득한 정보를 장기 기억으로 전환하기 때문이다. 상당한 시간과 노력을 들여 읽고 배운 내용을 다음 날이면 전부 잊어버리고 싶은 사람은 그 어디에도 없을 것이다.

이 책에서 나는 내가 직접 경험한 이야기를 통해 '25분 집중-5분 뇌 휴식'과 같이 통찰력 있는 멘탈 피트니스 운동법을 다양하게 소개할 예정이다. 이를 위해 나를 있는 그대로 보여주고 정신적 웰빙을 향한 내 여정과 경험을 독자 여러분과 기꺼이 함께할 생각이다. 그리고 독자 여러분이 내 이야기를 통해 영감을 받아 자신의 뇌, 그리고 더 나아가 자아와 새로운 '관계'를 형성하는 데 도움이 되기를 바란다. 이는 일과 삶에서 최고의 모습을 보여주기 위해 노력하는 과정에서, 더 깊은 이해와 공감을 바탕으로 맺어진 관계다.

우리와 우리 뇌 사이의 관계는 결코 완벽할 수 없다. 하지만 이 책을 통해 독자 여러분은 자신의 뇌가 건강하고 탄탄한 상태를 유지함으로써 자신에게 방해가 아닌 도움이 되는 방향으로 작동하도록 유도하는 다양한 멘탈 피트니스 기법과 연습법, 습관을 발견하게 될 것이다. 그리고 이는 궁극적으로 우리가 직장 생활을 성공적으로 이끌어가는 데 많은 힘이 되어줄 것이다.

> 💡 **브레인체크** 지금까지 열 개 남짓한 단락을 읽는 데 5분에서 길면 10분 정도 걸렸을 것이다. 그동안 독자 여러분의 마음은 몇 번이나 다른 생각으로 넘어갔는가? 회신해야 할 이메일이나 전화, 서둘러 처리해

> 야 할 일, 납부 기한이 얼마 안 남은 청구서 등에 관한 생각 말이다. 물론 여기서 그런 모습이 바람직한지 아닌지를 평가하려는 것은 아니다. 이는 그저 현대인이 직면한 현실일 뿐이다. 우리는 모두 직장과 가정을 오가며 온갖 크고 작은 사건과 사고를 처리하며 살아간다. 그러나 우리 뇌는 그렇게 계속 지낼 수 없다. 끝없이 이어지는 이 모든 자극을 처리할 용량이 우리 뇌에는 없다. 그러면 어떤 일이 벌어질까? 거의 매일 일과를 마칠 즈음에는 그날의 업무성과에 만족하지 못한 채 정서적으로 지치고 스트레스로 가득 차 번아웃 증상을 느끼게 된다.
>
> 이 책은 눈에 잘 들어오는 글꼴을 사용하고, 쪽 구성에서 여백을 적절히 활용하며, 일러스트와 색상을 생동감 있게 사용하는 등 최대한 뇌 친화적인 방식으로 디자인한 결과물이다. 그런데도 글을 읽으면서 집중력을 유지하는 일이 만만치는 않을 것이다. 이제 독자 여러분은 1장부터 읽는 과정에서 내가 지금처럼 책 곳곳에 배치한 '브레인 체크' 코너를 주의 깊게 살펴보기를 바란다. 특정 순간에 여러분이 '브레인 온!'을 얼마나 잘 실천하고 있는지 확인할 수 있는 좋은 기회가 될 것이다. 이 브레인 체크 활동을 일종의 뇌 근육 강화 훈련의 기회로 생각하면 직장 생활에서 남들보다 앞서나갈 수 있을 것이다.

완전히 새로운 관점을 제시하다

이 책은 개인과 조직 모두가 '정신적 회복탄력성mental resilience'을 갖추는 방법에 관해 완전히 새로운 관점을 제시하는 세 부분으로 구성되어 있다. 1부와 2부는 직장 생활을 하는 개인에게 도움이 되는 내용을 담고 있으며, 3부는 이를 리더나 인사 담당자 등 조직 차원의 역할로 확장한다. 이 책을 다 읽고 나면 '브레인 온!' 상태가 되는 것이야말로 그 어떤 성과 목표나 팀 인센티브,

개인별 보너스 계획보다 더 효과적으로 업무 몰입과 참여를 끌어내는 핵심임을 알게 될 것이다.

1부는 '브레인 온!'을 향한 여정을 시작하면서 우리가 각자 자신의 뇌와 맺고 있는 관계를 바꿀 수 있는 이유, 뇌의 작동 방식에 관한 주요 신경과학 및 심리학 이론, 그리고 뇌의 온·오프 상태를 의식적으로 인식하면 직장에서 더 생산적이면서 행복한 일상을 보낼 수 있는 근거를 이야기한다.

2부는 개인이 일상 속 깨어있는 뇌를 만드는 전략과 전술을 소개하는 일일 '브레인 온!' 가이드북으로, 뇌가 집중력을 유지하고 목표를 향해 움직이도록 유도하는 검증된 방법을 설명한다. 이를 통해 자신만의 멘탈 피트니스 루틴을 형성함으로써 직장에서 맞닥뜨리는 장애물을 돌파하는 데 도움이 되는 효과적인 기술, 기법, 습관 등을 활용할 수 있게 뇌를 훈련하는 방법을 배울 수 있다.

3부는 조직 차원의 '브레인 온!' 가이드북으로, 특히 리더와 인사팀은 물론이고 더 나아가 조직 전체가 구성원들의 '브레인 온!' 상태 유지를 돕고 활력 있는 조직 문화를 조성하는 내용을 담고 있다. 만약 현재 어떤 조직의 리더로서 사람들을 관리하는 자리에 있거나 인사 부서에 소속되어 있거나 조직 전반을 아우르는 프로그램 및 커뮤니케이션을 담당하는 사람이 아니라면, 3부의 내용은 굳이 읽지 않아도 괜찮다. 하지만 앞으로 그와 같은 리더로서 성장하고 싶다면 이 책을 가까이 두고 필요할 때마다 참고하기를 바란다.

　이 책을 집필하며 내가 설정한 목표는 독자 여러분이 매일 일과를 마칠 때 어제보다 더 행복하다고 느낄 수 있도록 돕는 것이다. 그리고 더 많은 관심과 낙관적인 생각, 더 큰 의욕에 더해, 뛰어난 회복탄력성을 가지고 내일을 맞이하는 데 이바지하는 것이다. 도전이나 장애물은 우리 삶의 일부이기에 완전히 사라지게 할 수는 없다. 하지만 업무 관련 문제를 둘러싼 감정을 더 건강한 방식으로 표현하고 해소할 수 있는 내면의 반응 메커니즘을 만들 방법이 있다. '브레인 온!' 상태에 도달하면 직장에서 늘 속이 뒤틀리고 화가 나있는 것만 같은 느낌을 받는 일을 피할 수 있다. 또한 더는 의미 없는 일에 소중한 에너지를 낭비하지 않고, 자신만의 목표를 달성하는 데 그 에너지를 투입할 수 있게 될 것이다.

　이제 독자 여러분은 자신의 뇌를 지금껏 보지 못한 최고의 상태로 만들 준비가 되었는가? 그렇다면 뇌세포를 움직여서 본격적으로 이야기를 시작해 보자.

잠시 '오닉스'를 만나고 가자

　건강한 습관을 들이는 일은 쉽지 않다. 특히, 열심히 노력한 결과가 겉으로 잘 드러나지 않고 눈에 잘 보이지 않을 때는 더욱 그렇다. 뼈가 부러지고 깁스를 대면 뼈가 다시 붙어 회복하는 과정을 몸으로 느낄 수 있다. 재활 운동을 꾸준히 반복하면서 근육이 튼튼해지는 것도 눈에 보인다. 하지만 멘탈 피트니스 훈련은 그렇지 않다. 꾸준히 연습한다고 하더라도 자신이 정신적으로 점점 더 튼튼해지고 있다는 사실을 알아차리기 어려운 경우가 적지 않을 것이다.

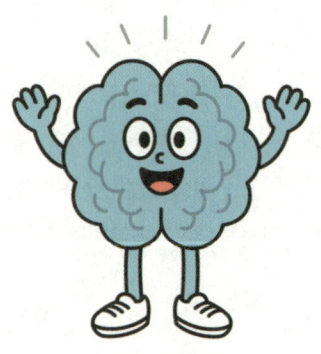

그래서 나는 '브레인 온!'과 같이 새로운 정신 건강 루틴이나 습관을 시작할 때 머릿속에 이미지를 그려보면 도움이 된다고 생각한다. 그렇게 탄생한 것이 바로 우리 뇌를 대표하는 캐릭터 '오닉스Onyx'다. 이 책에서 새로운 개념을 소개할 때 오닉스는 우리 뇌와 그 안의 생각을 시각적으로 표현해줄 것이다.

모든 사람은 자신과 자신이 한 행동에 너무 엄격한 잣대를 들이대는 경향이 있다. 나는 오닉스를 통해 독자 여러분이 자신의 뇌와 자아를 더 깊이 이해하고 더 따뜻한 자기 연민의 마음으로 바라볼 수 있기를 바란다.

일러두기

- 각주 중 ●는 옮긴이의 주이며, ▲는 편집자의 주입니다.
- 국내 출간된 도서는 원제 병기를 생략했습니다.

1부

우리 뇌에 멘탈 피트니스가 필요한 이유

직장에서 할 일이 너무 많아 자주 스트레스를 받는가? 받은 이메일을 허겁지겁 처리하고 밀려드는 허무함에 힘든 적이 있는가? 온종일 여기저기서 발생하는 문제를 해결하느라 정작 더 중요하고 의미 있는 일에는 시간을 낼 수 없는가? 이런 상황에서 사람들은 대체로 자기 자신은 물론이고 팀이나 조직에 어떤 대가가 따르더라도 모든 일을 해내는 것이 답이라고 생각한다. 하지만 이와 같은 방식으로 일하면, 매일 오후 6시 즈음에 녹초가 되어 다음날 다시 일하러 올 의욕이 사라지고 결국 번아웃 상태에 이르게 된다.

여기 그 이유가 있다. 인간의 뇌는 일상에서 마주치는 모든 방해 요인과 장애물에 쉽게 휘둘려 실수하거나 사고 기능을 멈추고 '브레인 오프' 상태가 되어버리기 때문이다. 얼마나 똑똑한 사람인지는 중요하지 않다. 우리 뇌는 매일 입력되는 수천수만 조각의 정보를 모두 처리할 수 있도록 설계되지 않았다. 과부하가 걸린 뇌는 건강한 '사고' 모드에서 벗어나 더 원초적인 '감정' 모드로 자동 전환된다. 그리고 바로 이 순간 우리는 어처구니없이 행동하고 현명하지 못한 결정을 내리기 시작하며, 그 결과 자신뿐만 아니라 팀 구성원과 조직 전반에 장기적이고 파괴적인 영향을 미칠 수 있다.

아마 독자 여러분도 이러한 관점에서 생각해 본 적은 없을 것이다. 어떻게 하면 자신의 뇌가 감정을 잘 조절할 수 있도록 도와서 부정적이거나 비생산적인 생각에 빠지지 않게 할 수 있는지 말이다. 이 과정을 가리켜 몇몇 전문가는 '뇌의 재구성'이라는 표현을 사용한다. 그에 반해 나는 이 과정이 직장에서는 업무 목표를 달성하고 개인적인 삶에서는 자신에게 기대되는 역할을 해내는 데 훨씬 더 최적화된 새로운 버전으로 우리 '뇌를 업그레이드'하는 것에 가깝다고 생각한다. 나는 독자 여러분이 뇌의 원초적이고 감정적인 영역에서 유발되는 반응을 넘어서 뇌가 깨어있는 '브레인 온!' 상태를 유지하고, 최대한 활기차고 생산적이며 만족스러운 일상을 보내는 데 도움이 되고 싶다. 내가 이 개념을 충분히 이해하기까지는 꽤 오랜 시간이 걸렸다. 그전까지 나는 직장이나 집에서 내가 왜 특정한 방식으로 반응하는지, 그리고 그러한 반응이 왜 불안, 좌절, 무기력 등의 감정으로 이어지는지 이해할 수 없었다. 하지만 결국 나는 뇌가 반응하는 방식에 변화를 가져오면 직장에서 보내는 하루는 물론이고 인생 자체가 훨씬 더 긍정적으로 바뀔 수 있다는 사실을 알게 되었다.

그리고 그러기 위해서는 멘탈 피트니스 훈련과 연습을 통해 정신적 근육과 힘을 기르는 법을 배워야 함을 깨달았다. 이제 내가 정신적으로 탄탄한 사람이 될 수 있었던 과정과 독자 여러분도 그렇게 할 수 있는 이유를 함께 이야기해 보자.

1장

왜 이렇게 집중하기 힘들까?

인간의 뇌는 여전히 버전 1.0이다

뇌는 인간이 보유한 가장 효과적이면서도 가장 원시적인 '기술'이다. 우선, 뇌에는 '사용 설명서'가 제공되지 않는다. 학교에서 정서적 웰빙이나 마음 건강에 대해 배운 사람도 찾기 힘들다. 생물이나 체육 시간에 신체 구조에 관한 내용은 상당히 많이 배우지만, 뇌의 작동 방식이나 정서적 측면에서 뇌를 최상의 상태로 유지하는 방법은 거의 배우지 못한다.

그러나 진짜 문제는 따로 있다. 바로 인간의 뇌가 태초부터 단 한 차례도 '업그레이드'된 적이 없다는 것이다. 우리 뇌는 핸드폰에 설치된 앱과는 달리 버전 28.0이나 999.0은커녕 버전 2.0도 출시된 사실이 없다. 즉, 수십만 년 전에 대지를 활보하던 조상의 뇌와 여전히 거의 같은 방식으로 작동하고 있다. 동굴에서 생활하던 선조들처럼 우리 뇌는 기본적으로 인간의 '행복'보다는 '안전'을 지키도록 설계된 것이다. 정말이다. 우리가 매일 아침 눈을 뜨면, 뇌는 우리의 보호자가 되어 경호원처럼 크고 작은 위협을 막아내는 것이 자기가 할 일이라고 생각한다. 좋은 친구가 되어 우리를 차분하게 위로하도록 설계된 것이 아니다. 인간관계 문제를 해결하거나 직장에서 그날 할 일을 효율적으로 마칠 방법에 관해 조언하게 만들어지지도 않았다. 뇌의 주된 역할이 인간의 보호자라는 사실을 이해하고 나면, 우리가 일상에서 더 행복하고 차분하며 현재에 충실한 시간을 보내지 못하는 이유를 쉽게 알 수 있다. 혹시 누군가에게 심하게 화내거나, 실수할까 봐 두렵거나, 사람들 앞에서 말하기 떨렸던 적이 있는가? 이는 뇌가 원시적인 '자동 조종' 모드에서 작동하면서 본래 설계된 기능과 목적을 수행하기 때문에 벌어지는 일이다. 즉, 뇌는 그저 인간을 안전하게 지키기 위해 경계 태세를 유지하면서 모든 위험과 위협을 경고한 것이다. 안타깝게도 인간의 뇌는 우리가 지금 이 순간을 즐기며 살아갈 수 있도록 설계되지 않았다. 그 대신 끊임없이 우리 주변을 살피며 위험 요인을 포착하는 데 집중한다. (우리 뇌가 '긁어 부스럼 만들지 마라'와 같은 기준에 따라 작동한다면 얼마나 좋을까?)

뇌의 기본적인 조직 체계는 모든 입력 정보나 자극을 위협이나 보상 중 하나로 분류한다. 이는 인간의 뇌가 기본적으로 모든 존재나 상황을 1) 해를 끼치거나 심지어 생명을 위협할 가능성이 있는 것, 또는 2) 악의 없고 안전한 상호작용 가운데 하나로 간주한다는 뜻이다. 인간은 모두 이 기본적인 분류 시스템을 가지고 살아가며, 우리가 하는 행동 대부분이 이 시스템의 지배를 받는다. 신경과학자인 에비앙 고든Evian Gordon은 이를 가리켜 '위험의 최소화 및 보상의 극대화' 반응이라고 부른다. 눈가를 스치듯 지나가는 그림자나 옆자리에 새로 출근한 낯선 동료처럼 예상치 못한 상황에 마주하면, 인간을 포함한 대부분의 동물이 공유하는 원시적 감정 영역인 변연계limbic system가 활성화된다. 인간의 뇌가 이런 방식으로 엄청난 양의 데이터를 효율적으로 처리하는 것처럼 보일지는 몰라도, 현재와 같이 복잡하고 미묘한 사회에서는 우리에게 실질적인 도움이 되지 않는다.

인간의 뇌는 깨어있는 시간 내내 예측 장치prediction machine처럼 작동하면서 우리를 안전하게 지키기 위해 앞일을 내다보는 역할과 책임을 매우 진지하게 수행한다. 기본적으로 모든 새롭고 낯설며, 불확실하고 위태로운 상황에 대비해 경계 태세를 갖추는 한 가지의 역할에 적합하도록 설정된 것이다. 그리고 패턴 인식, 기억 회생, 과거 경험 등을 통해 맡은 바 책임을 다한다. 예를 들어, 핸드폰을 떨어뜨리면 이제 핸드폰이 고장 났을 것이라는 생각에 순간적으로 걱정하는 반응을 보이게 될 것이다. 이와 같은 반응은 무의식에서 반사적으로 일어나는 현상이다. 그리고 우리는 매일 수백 번씩 이러한 유형의 예측, 즉 두려움 기반의 반응을 생성한다. 이는 인간의 뇌가 외부 자극에 매우 빠른 속도로 반응하고, 그 즉시 어떤 가설이나 결론에 도달하기 때문이다. 그러나 문제는 그 가설과 결론이 부정확하고 부정적인 경우가 많다는 데 있다.

개인적인 경험을 예로 들어보자. 5년 전쯤 나는 여느 날처럼 집 근처 숲길을 따라 산책을 하던 중에 길 앞쪽으로 코요테 한 마리가 서있는 모습을 보았다. 갑자기 온몸이 얼어붙은 나는 곧장 집으로 서둘러 돌아왔다. 그 순간 내 뇌는 나를 위험으로부터 보호해야 한다는 책임을 다한 것이다. 그러나 지금까지도 여전히 나는 멀리서 조금이라도 큰 동물이 보이면 반사적으로 몸이 굳고 가슴이 철렁 내려앉는 느낌을 받는다. 그러다 잠시 후 정신을 차리고 보면 그 동물은 덩치 큰 개이고 주인은 나무에 가려 보이지 않았던 경우가 대부분이었다. 코요테 따위는 전혀 없었지만, 내 뇌는 여전히 본능적으로 '전방에 위협이 존재한다'라는 초기 반응을 보인다. 이처럼 우리 뇌는 매일 수백 번씩 (대체로 부정확한) 예측성 분석을 수행한다. 그리고 위험 요인이 실존하거나 그렇다고 감지하는 순간, 우리 몸은 내장된 경보 시스템의 일부인 코르티솔cortisol이라는 호르몬을 분비한다. 그러나 코르티솔이 과도하게 분비되면 불안, 우울, 에너지 저하, 집중력 저하 등으로 이어질 수 있다. 그리고 결과적으로 이는 직장이나 가정에서 삶의 질 저하로 이어진다.

> **브레인체크** 지난 며칠 사이 뇌가 '위협'이라고 예측했지만 결국 사소한 일로 밝혀진 경험이 있는가? 열쇠를 잃어버렸다고 생각하여 크게 당황했지만 코트 주머니나 핸드백 안쪽 구석에서 찾은 적이 있는가? 이메일을 보냈다고 생각했으나 임시보관함에 남아있었다는 사실을 알고 회신이 너무 늦은 건 아닌지 걱정한 적은 있는가? 퇴근 직전 상사가 전화를 걸자 보고 기한을 놓친 것인지 걱정했지만, 알고 보니 간단한 질문이었던 경험이 있는가? 이와 같은 상황에서 최초의 신체적 또는 감정적 반응은 어땠는지 기억을 되살려 보자. 몸이 긴장되거나 심장이 빨리 뛰는 느낌이 들었는가? 우리 뇌가 본능적으로 위협을 예측한다는 사실을 인식하고 예측된 위협에 대한 반응을 조금 늦추기만 해도 훨씬 더 차분하고 건강한 일상을 유지할 수 있다.

대니얼 레비틴Daniel Levitin이 자신의 저서 《정리하는 뇌》에서 설명한 것처럼, 인간의 뇌는 여러 측면에서 매우 정교하고 경이롭지만 한 번에 두세 가지 이상의 정보를 효과적으로 처리하도록 진화하지 못했다. 동굴에서 생활하던 인류의 조상은 고작 하루에 몇 차례 수풀에서 들리는 수상하게 바스락거리는 소리나, 기껏해야 저 멀리서 호랑이나 곰처럼 거대한 짐승이 이따금 포효하는 소리만 신경 쓰면 됐다. 그러나 빠르게 변화하는 현대 정보화 사회에서 우리 뇌는 매일 수백만 가지의 정보를 받아들이고 그만큼 많은 결정을 내려야 하는 상황에 압도된 상태다. 정말이다. 지금 이야기하는 단위는 글자 그대로 '백만'이다. 레비틴에 따르면, 인간의 뇌는 초당 1,100만 가지 이상의 정보를 무의식적으로 받아들이지만 그중 의식적으로 인식하는 정보는 40가지에 불과하다. 이러한 상황에서 우리가 오후 2시만 되면 녹초가 되어

카페인 가득한 음료나 설탕 덩어리 과자를 먹고 에너지를 끌어올리려고 달려가는 것도 전혀 놀라운 일이 아니다.

레비틴이 강조한 바와 같이, 인간은 자신을 둘러싼 세상에 존재하는 정보 가운데 약 0.000001퍼센트만을 의식적으로 인식한다. 그리고 이는 우리 내면에서 무의식적으로 일어나는 온갖 종류의 감정적인 반응, 가정, 편견, 태도, 판단 등이 모여 우리의 기분과 일상을 좌우한다. 또한 감각적으로 선택하는 능력, 어떤 일의 가능성에 관한 생각, 특정 상황에서 보이는 반응, 그리고 궁극적으로는 일상에서 느끼는 행복과 일과를 마치며 얻는 긍정적인 결과에도 영향을 미친다. 이러한 사실을 아는 것만으로도 나는 에너지 관리가 왜 중요한지, 그리고 *브레인 파워brain power가 얼마나 소중한 자원인지 깨달을 수 있었다(이와 관련된 내용은 3장에서 보다 자세히 다룰 예정이다).

끊임없이 밀려드는 정보와 자극 속에서 인간의 뇌가 집중력을 유지하고 계속해서 주의를 기울이기란 거의 불가능하다. 언제 어디서나 존재하는 방해 요인으로 인해 우리는 꾸준히 앞으로 나아가는 대신 경로에서 벗어나는 경우가 더 많기 때문이다. '인간이 어느 한 가지 일에 얼마나 오랫동안 진정으로 주의를 집중할 수 있는가?'는 과학계에서도 상당한 논쟁이 오가는 주제이나, 대부분 연구 결과에서 90분이 지나면 생산성이 떨어지기 시작하는 것으로 밝혀졌다. 이 기본 휴식-활동 주기basic rest-activity

---

* 브레인 파워brain power : 지적 능력 또는 지성

cycle(BRAC)는 시카고대학교에서 수면을 연구한 너새니얼 클라이트먼Nathaniel Kleitman 박사가 1930년대에 최초로 제안한 개념이다. 이후 진행된 다른 여러 연구도 '90분 작업 후 20분 휴식'이 생산성이 가장 높은 리듬이라는 사실을 뒷받침했다. 뇌가 잠시 휴식을 취하는 과정에서 에너지를 보존하고 지적 능력을 유지할 수 있기 때문이다.

매일 직장에 나가 일하다 보면 현대 사회의 직장 생활이 요구하는 다양한 상황으로 인해 예측 기반의 원초적인 반응이 촉발되는 순간이 수십 번씩 찾아오기 마련이다. 예를 들어, 사무실 전화기 화면에 특정 전화번호가 나타나면 '혹시 고객이 문제를 제기하려고 전화한 건 아닐까?'라는 생각에 순간 움츠러드는가? 이미 여러 차례 수정한 문서를 또다시 돌려받았을 때 아직도 뭔가 잘못된 부분이 있어서 수정해야 한다고 지레짐작하며 답답함이 밀려든 경험이 있는가? 아니면 프로젝트 마감을 조금 미뤄야 할 것 같다는 동료의 메시지를 받는 순간 스트레스를 받은 적이 있는가? 직장 생활에서 겪는 이 모든 작고 사소한 위협의 순간이 쌓이다 보면, 우리 머릿속 현명한 뇌는 잠시 그 기능을 멈추고 우리는 과거 경험과 패턴에 따라 감정적으로 반응하기 시작한다. 결국 우리가 추구하는 목표는 일상에서 자신의 사고와 반응을 더 현명하게 관리하고 정신적 웰빙을 유지하는 것이다. 그리고 우리 자신과 자신의 웰빙을 관리하는 일의 핵심은 멘탈 피트니스 훈련으로, 이에 대해서는 2부에서 더 깊이 있게 다룰 예정이다.

일상 속 '브레인 오프' 사례

핸드폰이 울린다. 딸이 다니는 학교에서 걸려온 전화다. 내 첫 반응은 즐거움이나 평온함과는 거리가 멀다. 전화를 받고 "여보세요"라고 말하기 전 그 찰나의 시간 사이에 나는 이미 결정해 버렸다. 아니, 내 뇌가 예측해 버린 것이다. 우리 딸이 다쳤거나 아프거나 문제를 일으켰을 것이라고 말이다. 그와 동시에 내 몸은 즉시 행동에 나설 수 있도록 긴장 상태에 들어간다. 주의 깊게 살펴보면, 심박수는 올라가고 숨도 제대로 쉬지 못하며 어깨는 움츠러들고 근육은 긴장하며 입을 꽉 다문 상태에서 '나쁜 소식'이 줄 충격에 대비하고 있음을 알아차릴 수 있다. 그러나 막상 전화를 받고 10초만 지나면 아무 일도 아니라는 것을 알게 된다.

단지 내가 어떤 서류를 제출하지 않았거나, 아이가 도시락이나 숙제를 깜빡 잊고 왔다는 이야기다. 다행히 이제야 한숨 돌릴 수 있다. 그러나 사람들은 대부분 이처럼 예측 기반의 사건이 지나간 뒤에도 의식적으로 긴장을 풀고 마음을 가라앉힌 다음 무슨 일이 일어났는지 생각할 시간을 갖지 못한다. 그러면서 왜 목이 뻣뻣해지고 허리가 아프며 젊은 나이에 심장마비가 오는지 의아해한다. 우리가 살아가는 환경과 그 환경이 주는 자극은 매우 복잡하고 빠르게 변하기 때문에 인간의 뇌는 항상 초긴장 상태에 놓여있다. 그 결과, 이번 사례와 유사한 예측과 그에 따른 몸과 마음에 대한 공격은 하루에도 수백 번씩 일어난다. 내게도 한 위기가 끝나면 곧장 또 다른 위기가 찾아온다. 아이 학교에서 걸려온 전화를 끊자마자 메일함을 확인하니 상사가 보낸 이메일에 시간 될 때 전화해 달라는 메시지가 있다. 내 상사는 인격이 매우 훌륭한 분이다. 그러니 나는 차분한 마음을 유지할 수 있을까? 절대 그렇게 되지 않는다. 이번에도 내 뇌는 뭔가 문제가 발생했다고 예측하며, 나는 비상 모드로 복귀해 또다시 내 몸을 공격한다. 그러나 실상은 상사가 보고서 내용에 관해 궁금한 것이 있었을 뿐이다. 이처럼 잘못된 예측이나 공포 기반의 반응은 온종일 끝없이 이어진다. 그러면서 우리 몸과 마음에는 스트레스와 피로가 점점 더 쌓여간다. 세상에, 이게 뭔가!

다행스러운 점은 태생적으로 인간의 뇌와 신체 사이에 피드백을 주고받는 연결고리가 내장되어 있다는 사실이다. 그래서 우리는 잘못된 예측을 반영해 예측 모델을 업데이트하고 그에 따라 미래에 나타날 반응을 바꿀 수 있다. 그러나 문제는 우리 뇌가 인간이 활용하는 가장 오래된 기술이라서 여기서 말하는 업데이트가 그다지 빠른 속도로 진행되지 않으며, 멘탈 피트니스 훈련이나 도구 없이는 거의 불가능하다는 데 있다. 두 딸이 모두 대학생이 된 지금도 나는 학교에서 전화가 오면 속이 뒤틀리면서 최악의 상황을 떠올리게 된다.

막상 대학에서 걸려온 전화가 등록금 청구서나 기부금 부탁과 같이 별일 아닌 내용으로 밝혀지더라도, 나는 여전히 혼비백산한 정신을 부여잡고 떨리는 마음을 가라앉힌 다음 숨을 깊이 들이마시면서 도대체 내가 무슨 일을 하다가 중단했는지나 중요한 회의에서 어디까지 이야기했는지를 기억해 내야 한다. '브

레인 온' 상태를 유지하는 일에 관한 한 그 누구도 완성된 존재가 아니며, 나 역시 예외가 아니다. 그래서일까? '완벽함보다 진전을 선택하라'는 어쩌면 상투적인 표현은 내게 여전히 많은 도움과 큰 위안이 된다.

21세기를 살아가는 인간으로서 우리는 삶에서 더 많은 것을 원하고 또 누릴 자격이 있다. 온갖 사소한 정보나 예상치 못한 연락에 휘둘리고 싶은 사람은 없다. 누구나 행복을 느끼고 차분함을 유지하며 생산적으로 일하고 싶어 하지만, 온종일 크고 작은 사건들을 위협으로 인식해 생겨난 반응에 시달리곤 한다. 이 책을 통해 독자 여러분은 인간의 뇌에 선천적으로 탑재된 프로그램을 활용해 자신의 뇌를 재구성하는 방법을 배우게 될 것이다. 마치 핸드폰이나 컴퓨터처럼 뇌를 새로운 버전으로 업그레이드하는 과정이라고 생각해 보자. 뇌를 업그레이드하고 강화해서 정신적으로 건강하고 탄탄해지면, 직장 생활을 하면서 더 큰 회복탄력성과 기쁨, 에너지를 얻을 수 있다고 약속한다.

좋은 소식이 있다. 뇌는 변화할 수 있다는 것이다. 인간의 뇌를 재구성할 수 있다는 것은 과학적으로 입증된 사실이다. 신경과학에서는 이 개념을 신경가소성neuroplasticity이라고 부른다. 내가 처음으로 이 개념을 접한 계기는 제프리 슈워츠Jeffrey Schwartz 박사의 책 《강박에 빠진 뇌》를 통해서였다. 이 책에서 저자가 가장 중요하게 생각하는 개념이 바로 자기 주도적 신경가소성으로, 이는 자기 계발, 자립, 생산성 및 성과 분야의 여러 주요 서적에서 활발하게 인용되고 있다. 슈워츠 박사는 내가 강박적인 습관이나 비이성적인 사고를 극복하는 데 도움이 되는 방향으로 뇌를 다시 프로그래밍하고 재구성할 수 있다는 희망을 주었다. 내가 정신적으로 훨씬 더 건강해지는 데 결정적인 도움을 준 다른 책으로는 대니얼 에이멘Daniel Amen 박사의 《뇌를 바꾸면 인생이 달라진다Change Your Brain, Change Your Life》와 릭 핸슨Rick Hanson의 《행복 뇌 접속》이 있다.

여기서 잠시 자기 연민의 시간을 가져보자. 누구도 우리에게 특히 직장에서 뇌가 어떻게 작동하는지, 업무 시간에 우리를 어떻게 방해하는지, 또는 우리가 왜 집중력을 잃고 경로에서 벗어나게 되는지 가르쳐주지 않았다. 중고등학교 보건 시간이나 체육 시간으로 돌아가 보면, 우리는 우리 몸에 있는 다양한 근육의 종류와 역할은 물론이고 근육을 강화하는 방법을 배웠다. 이제 뇌에 대해서도 같은 방식으로 접근해서 뇌의 구조와 뇌를 구성하는 각 부분의 역할과 기능을 간결하고 뇌 친화적인 방식으로 살펴볼 것이다.

이 책에서 소개하는 멘탈 피트니스 훈련 목적에 따라 뇌의 구조를 설명하는 방법 중, 내가 아는 가장 쉬운 방법은 댄 시겔Dan Siegel 박사의 '손을 이용한 뇌 모델'을 이용하는 것이다. 시겔 박사는 세계적으로 유명한 신경정신과 의사로, 부모와 아이들에게 뇌의 구조를 설명할 때 이 모델을 활용한다. 이 모델은 특히 감정의 뇌emotional brain가 사고의 뇌thinking brain를 장악할 때 우리가 왜 화내거나 좌절하는지를 이해하는 데도 매우 유용하다.

우리 뇌를 시각적으로 이해하는 방법은 다음과 같다.

뚜껑이 열리다!: 화가 나면 전전두엽 피질, 즉 사고의 뇌는 작동을 멈춘다. 이때 '브레인 오프' 상태가 되어 사고의 뇌를 사용하지 않고 원초적 감정에 압도된다.

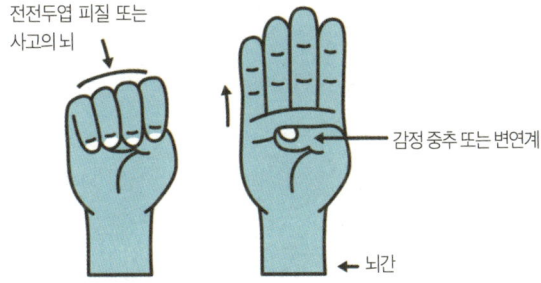

- 한 손을 들어 자신을 향하게 한다.
- 손목은 뇌간brain stem에 해당한다.
- 엄지손가락은 감정 중추emotional center 또는 변연계limbic system에 해당하며, 손바닥 안으로 쉽게 접히고 구부러진다.

- 엄지손가락을 감싸듯 다른 네 손가락을 접으면, 그 부분이 전전두엽 피질prefrontal cortex 또는 사고의 뇌에 해당한다. 전전두엽 피질은 화내거나 다른 무언가에 의해 촉발되면 오프라인 상태가 되어 작동을 멈추는데, 이 순간 이른바 '뚜껑이 열리고 눈이 뒤집혀서' 뇌가 사고를 멈추는 '브레인 오프' 상태가 된다. 이는 우리가 사고의 뇌를 사용하지 않는 대신 원초적 감정에 압도당하고 있다는 의미다.

멘탈 피트니스 전략을 논의하기 전에 먼저 뇌의 다양한 영역과 각 부분의 역할 및 기능을 좀 더 자세히 이해할 필요가 있다. 헬스장에 새로 등록하거나 새로운 운동 루틴을 시작하기 전에 헬스장을 둘러보면서 어떤 운동기구로 어떤 근육을 강화할 수 있는지 알아보는 과정을 떠올려 보자. 여기서 우리는 같은 방식으로 인간의 뇌를 살펴보면서 다양한 멘탈 피트니스 루틴으로 뇌의 특정 '근육'을 강화하는 방법을 배울 것이다. 어디 도망가지 말고 나와 함께 하기를 바란다. 분명히 일반적인 과학 강의보다 훨씬 쉽고 재미있을 것이다!

우리 뇌에서 독자 여러분이 알고 있어야 하는 두 가지 주요 영역은 감정의 뇌와 사고의 뇌다. 여기서 가장 중요한 사실은 이 두 영역이 동시에 '온' 상태로 '활성화'될 수 없다는 것이다. 이를 반드시 기억해 두기를 바란다. 자, 그러면 우리가 깨어있는 대부분의 시간 동안 활성화되어 있는 영역은 어느 쪽일까? 힌트를 주자면, 뇌에서 이 영역은 위협 요인을 찾아 주변 환경을 끊임없이 탐색하고 있다. 정답을 찾았는가? 우리 뇌의 기본 모드는 바로 이 감정의 뇌와 그 뇌의 본능적인 투쟁-도피 반응이다. 그리고 이는 많은 문제의 원인으로 작용한다. 우리의 기본 설정 모드가 다름 아닌 '브레인 오프' 모드라는 의미이기 때문이다.

그에 반해 '브레인 온!' 모드는 사고의 뇌, 즉 전전두엽 피질을 가리킨다. 뇌의 이 영역은 우리가 하루를 보내면서 이성적이고 현명하며 의식적으로 작동하도록 유도하는 원동력이다. 또한 최고의 의사결정과 문제해결이 이루어지는 부분이다. 전전두엽 피질은 이처럼 이해력, 계획 수립 등 여러 중요한 역량을 조절하므로 현대 사회의 인간에게 매우 중요한 영역이다. 뉴로리더십 전문가 데이비드 록David Rock 박사의 저서 《일하는 뇌》에 따르면, 전전두엽 피질은 인간이 주변 세상과 의식적으로 상호작용하는 생물학적 중심지다. 즉, 뇌에서 인간이 자동 조종 모드에 머물지 않고 사물을 통해 사고하도록 하는 핵심적인 영역이다. 록 박사는 이 영역이 인간이 수행하는 여러 기능을 통제한다는 측면에서 우리의 행복과 성공에 얼마나 중요한지를 명확히 설명한다.

- 이해(새로운 아이디어를 받아들이는 능력)
- 결정(두 가지 옵션 중 하나를 선택하는 능력)
- 회상(기억 속 정보를 불러오는 능력)
- 기억(정보를 받아들이고 지키는 능력)
- 억제(무관한 생각을 작업 기억에서 배제하는 능력)

인간의 전전두엽 피질은 뇌의 감정 중추, 특히 편도체amygdala와 늘 경쟁 상태에 있다. 이 편도체는 우리 뇌에서 감정 반응을 유발하는 부분이다. 오늘날처럼 복잡한 세상에서는 편도체가 과도한 경계 상태에서 온종일 투쟁-도피-경직 반응을 끊임없이 반복하기 마련이다. 그러다 보면 결국 우리는 에너지가 고갈되어 예민하고 불행한 상태가 된다.

> **브레인체크** 잠시만! 지금 본인의 감정 상태를 한 단어로 표현해 보자. 행복? 슬픔? 화? 피곤? 아니면 그 감정을 제대로 설명하기 어려운가? 사람들은 대부분 자신이 실제로 어떤 감정을 느끼는지 시간을 들여 살피기보다는 반사적으로 빠르게 반응한다. 연구에 따르면, 특정한 순간에 자신의 감정 상태가 어떤지 정확하게 표현할 수 있는 사람은 3분의 1도 되지 않는다. 한때 심리학에서는 인간이 느끼는 거의 모든 감정을 행복, 슬픔, 분노, 놀람, 공포, 혐오 등 일련의 보편적인 범주로 분류할 수 있다고 간주했다.
>
> 그러나 그레이터 굿 사이언스 센터Greater Good Science Center의 연구에 따르면, 인간의 감정은 적어도 27가지의 뚜렷하게 구분되는 범주로 나뉠 수 있다. 그리고 각 범주 안에는 개별적으로 명확히 구분할 수 있는 수십 가지의 하위 감정이 존재한다. 그러면 이처럼 감정을 상세히 구분할 수 있다는 사실이 중요한 이유는 무엇일까? 작가이자 연구자인 브레네 브라운Brené Brown은 자신의 저서 《마음의 지도Atlas of the Heart》에서 이렇게 말한다. '우리가 경험하는 어떤 감정에 이름을 붙일 때 더 큰 힘을 얻는 것은 그 감정이나 경험이 아니라 바로 우리 자신이다.' 더 많은 감정의 이름을 알고 부를 수 있게 될수록 감정을 조절하는 능력이 향상되기 때문이다.

그렇다고 해서 우리의 편도체와 이 수많은 감정 반응이 통제할 수 없는 폭주 기관차처럼 내달려야 한다는 이야기는 아니다. 감정은 우리가 태어날 때부터 뇌에 고정된 것이 아니다. 우리가 느끼는 감정은 하루를 보내는 과정에서 계속해서 형성된다. 여기 좋은 소식이 있다. '우리는 자신의 뇌를 활용하여 직장에서 경험하고 싶은 감정을 스스로 조절하거나 만들어낼 수 있다.' 이는 아마도 이 책에서 독자 여러분에게 가장 힘을 실어주는 이야기 중 하나일 것이다. 감정 조절 능력이 정신 건강의 핵심이기 때문이다. 다음 장부터는 에너지 넘치는 상태, 즉 배움과 성장에 열린 마음을 가지고 직장에서 자신의 미래에 관해 긍정적인 감정을 느낄 수 있는 상태를 유지하는 다양한 전략과 기법을 배우게 될 것이다.

> **브레인체크** 자, 2장으로 넘어가기 전에 다시 한번 자신을 점검해 보기를 바란다. 현재 자신의 뇌는 '브레인 온!' 상태이고 더 많은 것을 배울 준비가 되어있는가? 아니면 잠깐 쉬면서 이 모든 정보에서 벗어나 눈과 뇌에 짧은 휴식을 주어야 할까? 잠시 시간을 내서 자신의 에너지 상태를 평가해 보자. 혹시 배고프고 목마르거나 피곤한가? 만약 그렇다면 간식을 먹고 음료를 마신 다음 자리에서 일어나 가볍게 스트레칭을 해보자. 아니면 아주 잠깐만이라도 지금까지 배운 내용을 되돌아보고 어떻게 하면 이를 일상생활에 적용할 수 있을지 생각해 보는 것도 괜찮다. 이렇게 하는 것만으로도 자신의 뇌를 빠르게 재정비하고 재충전함으로써 더 많이 배울 준비를 마칠 수 있다.

2장

도대체 나는 왜, 제대로 하는 일이 없을까?

매일 만나는 장애물 코스

혹시 매일 아침 눈을 뜰 때마다 오늘 해야 할 일을 적어놓은 메모를 들여다보기 두려워서 불안한 마음이 드는가? 밤사이 도착한 문자 메시지와 이메일을 읽다 보면 심지어 모닝커피를 마시기도 전에 속이 불편해지지는 않는가? 우리의 불쌍한 뇌는 매일 온갖 업무, 대화, 회의, 이메일 등을 처리해야 한다는 부담감에 숨 돌릴 틈 없이 바쁘게 움직인다. 그러다 보면 어느덧 일과 시간에 발생하는 예상치 못한 갖가지 사건이나 사고에 이리저리 치이고 만다. 고객사에 보내야 하는 보고 자료를 기한 직전에 고치는 등 중요한 일부터, 주요 고객이 갑자기 제기한 불만에 대응하거나 신속하게 처리해야 하는 문자 메시지를 받는 등 비교적

가벼운 일까지 직장 생활에서 마주치는 사건과 사고에는 끝이 없다. 그러니 우리가 마치 TV 프로그램 〈서바이버〉의 출연자처럼 살아남기 위해 악천후에 맞서 싸우고 있다는 기분이 드는 것도 무리는 아니다. 우리는 대부분 직장에서 점심거리를 사냥하거나 야생동물을 물리치는 일처럼 물리적인 장애물에 맞닥뜨리지는 않지만, 오늘날 직장 생활에서 모든 사람이 생존하기 위해 거쳐야 하는 과정은 감정적으로 똑같이 힘들고 고된 일이다.

직장에서 우리는 매일 각자 자신의 역할과 책임, 능력에 따라 서로 다른 유형의 장애물 코스를 경험한다. 실제로 직장에서 하루를 보내며 우리는 보통 업무나 회의, 대화의 형태로 여러 가지 기능을 수행해야 한다. 하지만 여기가 바로 문제가 발생하는 지점이다. 우리가 실제 중요한 업무보다 더 많은 시간을 잡아먹는 온갖 종류의 감정적이고 심리적인 장애물과 방해 요인에 쉽게 휘둘린다는 것이다. 한번 잘 생각해 보자. 이러한 장애물이나 방해 요인을 처리하는 데 하루의 절반을 허비할 수 있다. 만약 우리가 이 장애물을 시간과 에너지가 덜 드는 방식으로 해결할 수만 있다면, 생산성을 얼마나 더 많이 개선할 수 있으며 진정으로 이루고자 하는 목표에 얼마나 더 많은 시간을 쏟아부을 수 있을지 생각해 보자. 뇌가 사고를 멈추는 '브레인 오프' 모드에서 작동할 때, 우리는 자동 조종 모드로 운항하는 비행기처럼 일정표나 이메일이 시키는 대로 움직이게 된다. 결국 '브레인 오프' 모드에서는 활력이 떨어지고 업무 몰입도가 낮아진다.

직장에서 그날 할 일을 아무리 계획적으로 설계하려 노력하더라도 우리는 다음 두 가지 유형의 장애물로 인해 쉽게 길을 잃고 흐트러진다.

내적 장애물internal obstacle이란 우리가 주변 환경을 인식하는 방식에 영향을 미치는 생각이나 이야기, 감정을 가리킨다. 이러한 장애물은 우리가 하는 선택에 영향을 미치고, 그 선택은 다시 우리가 하는 행동에 영향을 미치며, 궁극적으로는 매일 우리가 달성하는 성과에 영향을 미친다. 우리 뇌의 변연계는 인간의 생존 및 보호 시스템으로서 내적 장애물을 만들어내며, 이는 결국 우리가 일상에서 만나는 장애물을 얼마나 잘 처리하는지 결정하는 감정적 요인으로 작용한다.

외적 장애물external obstacle이란 직장 동료, 고객, 거래처 등 우리 주변의 사람들이나 환경과 우리 사이의 상호작용을 가리킨다. 이러한 상호작용의 질은 일상의 경험이나 에너지 수준에 큰 영향을 미친다. 어두컴컴한 조명이나 시끄러운 사무실, 인체공학적으로 불편한 작업 환경, 어수선한 책상은 물론이고 심지어 업무 수행에 필요한 도구나 자원이 부족한 상황 등 환경적 장애물을 맞닥뜨리는 것도 마찬가지로 영향을 미친다. 이와 같은 외적 장애물은 우리 뇌를 오프라인 상태로 만들어 매일 최상의 성과를 내는 데 방해 요인으로 작용할 수 있다.

다음 그림은 평범한 직장인의 뇌가 경험하는 전형적인 장애물 코스를 보여준다.

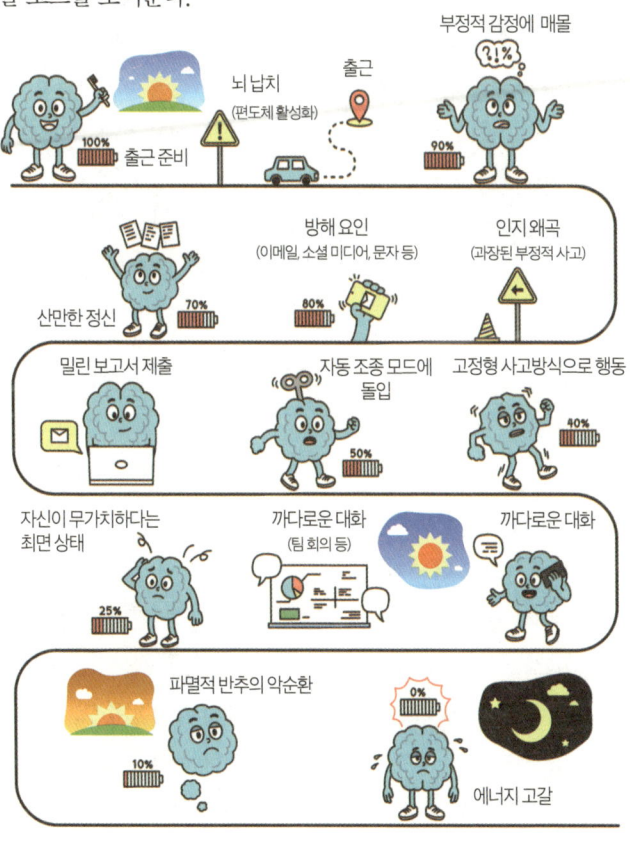

인간은 자신의 장애물과 문제 대부분을 스스로 만들어낸다. 바로 우리가 스스로에게 들려주는 내면의 생각이나 감정, 이야기 때문이다. 마크 트웨인Mark Twain이 남긴 이 말은 내가 이 중요한 개념에 눈을 뜨게 된 결정적 계기였다. '내 인생에는 걱정이

참 많았지만, 그중 대부분은 한 번도 일어난 적이 없었다.' 이제 직장 생활에서 경험할 수 있는 대표적인 내적 장애물과 외적 장애물 몇 가지를 간략하게 살펴볼 예정이다. 숨을 깊이 들이마시자. 물론 독자 여러분이 이 모든 장애물을 하루나 일주일 사이에 전부 겪는다는 것은 아니다. 다만, 시간이 지나면서 우리가 눈치채지 못하는 사이에 많은 장애물이 우리 앞에 모습을 드러낼 가능성은 상당히 크다.

내적 장애물

부정적 감정에 매몰

세계적으로 유명한 명상 지도자이자 작가 샤론 잘츠버그Sharon Salzberg는 자신의 저서 《일터에서 느끼는 진정한 행복Real Happiness at Work》에서 직장에 있는 동안 우리를 괴롭히는 부정적 감정을 욕망, 혐오, 피로, 초조, 의심 등 다섯 가지 범주로 나눠 설명한다. 욕망은 그 자체로는 문제가 없으나 우리가 결과에 지나치게 집착하면 문제가 된다. 혐오는 두려움이나 조급함, 분노에 기반하는 강력한 반응이다. 피로는 사실 신경 끄기나 단절이 외부로 표현된 결과이며 보통 무언가에 압도되거나 과부하가 걸렸을 때 발생한다. 초조는 불안이나 걱정의 형태로 나타나며, 의심은 우리가 옴짝달싹 못 하고 아무것도 결정하지 못하게 한다. 이러한 부정적 감정이 지나치게 많거나 몇 주 또는 몇 달 동안 지속

되면, 우리는 일에서 기쁨이나 의미를 찾기 어려워진다.

자동 조종 모드일 때의 행동

연구에 따르면, 일상에서 우리가 하는 행동 열 가지 가운데 최대 아홉 가지는 자동 조종 모드에서 일어난다. 마치 조종사가 자동 운항 스위치를 켜자 항공기가 알아서 비행하거나, 자율주행 자동차를 타고 도로 위를 달리는 것처럼 말이다. 이는 정확히 우리 머릿속 사고의 뇌가 '오프라인' 상태가 되고 감정의 뇌가 지휘권을 잡았을 때 벌어지는 일이다. 여기 아주 좋은 예가 있다.

어느 날 자동차를 운전해 직장이나 마트에 도착한 다음 주차장에 자동차를 멈춰 세우고 나니 불현듯 '정말 어떻게 내가 운전해서 아무 일 없이 여기까지 왔을까?'라고 의아했던 적이 있을 것이다. 운전 과정이 전혀 기억에 없는 것이다. 인간의 뇌는 에너지를 보존하도록 설계되어 있어서 의식적 생각보다는 지름길을 선택한다. 그래서 우리 뇌가 어떤 작업을 수행할 때마다 어떻게 해야 할지 생각하고 싶어 하지 않는 것이다. 습관이 되거나 반복하는 패턴이 있는 경우에는 특히 더 그렇다. 결국 우리는 온종일 자신이 내리는 결정과 보이는 반응 대부분을 전혀 인식하거나 의식하지 못한 채 행동하며 살아간다.

방황하는 마음

몽상daydreaming과 방황하는 마음wandering mind은 전혀 다르다. 몽상은 창의성이나 문제해결로 이어질 수 있는 의식의 흐름이다. 그에 반해 방황하는 마음 또는 산만한 정신은 우리 뇌가 현재 생산성 높게 집중하던 일에서 벗어나, 위협 요인이나 무언가 새로운 것을 탐색하느라 너무 많은 시간을 소모하는 상태다. 이처럼 마음이 방황하면 걱정이나 회의감, 짜증, 두려움 같은 부정적 감정의 영역으로 빠져들게 되는 경우가 많다. 직장에서 하루를 보내면서 뇌에 휴식이 필요한 것은 사실이지만, 중요한 것은 뇌가 엉뚱한 방향으로 흘러가서 건강하지 못하고 부정적인 영역으로 빠져들 때 이를 알아차리는 것이다. 인간의 뇌가 깨어있는 시간의 거의 절반 동안 방황하는 마음 상태에 있다는 것은 과학적으로 입증된 사실이니 말이다.

과거에 대한 반추

낮에 직장에서 있었던 일이 머릿속을 떠나지 않고 계속 떠올라 밤새 잠 못 이뤄본 적이 있는가? 상사와 의견이 충돌했거나, 팀원이 비아냥거리듯 말했거나, 고객이 실망한 표정을 지었을지도 모른다. 이처럼 스트레스를 받으면 우리는 종종 머릿속에서 그 상황을 되감아 재생하는 경향이 있다. 그러면 마치 끝없이 이어지는 롤러코스터를 타는 기분이 든다. 전혀 생산적이지 않다. 우리 마음에서는 즐거움이 사라진다. 마이애미대학교 심리학과 교수이자 《주의력 연습》의 저자인 아미시 자Amishi Jha 박사는 이러한 상태를 가리켜 마음속에서 같은 내용을 반복 재생하는 '파멸적 악순환loop of doom'이라고 부른다. 회의에서 어떤 말을 하고 몇 시간이 지난 뒤, 머릿속으로 회의에서 오간 대화를 복기하다 '왜 그런 말을 했지?'나 '왜 제대로 말하지 못했을까?'라며 자책한 적이 있을 것이다. 이것이 바로 반추rumination다. 인간의 뇌는 실시간으로 일어나는 일과 머릿속에서 재생하는 일을 구별하지 못한다. 따라서 과거에 있었던 일을 계속 반추할 때마다 우리 뇌와 몸은 그 사건이 지금 일어나고 있는 것처럼 반응한다. 결국 반추는 자기 자신을 반복적으로 괴롭히는 행위로 작용한다.

자신이 무가치하다는 최면 상태

우리는 억만장자와 유니콘 벤처 기업에 초점을 맞춰 쏟아지는 언론 보도와 소셜 미디어 속 완벽한 이미지로 인해 촉발된 끊임없이 비교하는 문화 속에서 살고 있다. 이런 세상에서 긍정적인 에너지로 가득 찬 하루를 보낼 수 있는 사람이 있다면 기적일 것이다. 《끌어안음》의 저자 타라 브랙Tara Brach은 이 불안한 마음을 '무가치하다는 최면 상태'로 표현한다. 우리는 모두 머릿속으로 '나는 별로 훌륭하지 않다, 똑똑하지 않다, 자격이 부족하다, 자신감이 부족하다, 예쁘지 않다, 키가 크지 않다' 등 끝없이 자기 자신을 비판하는 시기를 거친다. 그리고 이러한 생각은 우리가 도전하지 못하게 하고, 꿈과 열정, 호기심을 따르지 못하게 하며, 변화를 위해 목소리 내는 것을 주저하게 한다.

실제로 이러한 생각은 내 성장은 물론이고 건강과 행복을 추구하는 여정을 막는 거대한 장애물로 작용했다. 나는 새로운 기회에 지원하지 않았으며 새로운 아이디어를 제시하지도 못했다. 상사나 전문가가 함께하는 회의에서는 내 능력을 믿고 자신 있게 말하지도 못했다. 하지만 이제는 이러한 반응이 지극히 정상이며, 내 뇌가 위협으로 인식하는 것으로부터 나를 보호하려는 과정에서 나타나는 결과일 뿐이라는 사실을 알게 되었다. 또한 내가 느끼는 두려움이 진실은 아니며, 이와 같은 생각이 내가 가진 능력과 가능성을 대변하지 않는다는 것도 잘 안다. 하지만 이 무가치함의 최면은 실제로 우리가 가진 자신감을 무너뜨리는 것은 물론이고 우리가 위험을 감수하고, 새로운 것을 배우며, 행복을 추구하는 능력에 부정적인 영향을 미칠 수 있다.

불확실성의 마비

불확실성uncertainty은 인간의 뇌에서 가장 강력한 자극 중 하나다. 앞서 이야기했듯이, 뇌는 신속하게 답을 찾는 예측 장치이며 불확실성에서 오는 스트레스를 극도로 싫어한다. 시간이 가면서 불확실성으로 인한 스트레스가 지속되면 집중력과 생산성에 부정적인 영향을 미친다. 솔직해지자. 인생에서 확실한 것은 몇 가지 되지 않는다. 회신해야 하는 이메일과 내야 할 세금은 항상 있다는 정도가 확실할 뿐이다. 사실, 현대 사회는 VUCA 상태라고 할 수 있다. 변동성volatility, 불확실성uncertainty, 복잡성complexity, 모호성ambiguity으로 가득한 세상이다. 어떤 문제를 해결할 수 없거나 정답을 찾을 수 없었던 순간을 떠올려 보자. 그 문제나 정답에 관한 생각을 떨칠 수 없었을 것이다. 우리 뇌는 빨리 정답을 찾아 불확실성의 고리를 끊고 생존을 위협하는 요인을 예측해야 하기 때문이다. 현대 사회에서 인간의 뇌는 하루에도 수백 번씩 불확실성에 직면한다.

직장에서 만나는 불확실성은 하던 일을 멈추게 하고, 업무 지연을 유발하며, 알 수 없는 결과에 대한 두려움으로 어떤 주제에 관련한 자기 입장에 방어적인 태도를 보이게 하는 등 끊임없이 문제를 일으킨다. 일과 중에 의사결정을 어렵게 만드는 장애물 중 하나가 바로 이 불확실성이다. 잘못된 결정으로 인해 무슨 일이 생길까 봐 두려워하기 때문이다. 예를 들어, 불확실성으로 인해 퇴직연금 투자 전략을 바꾸지 못할 수 있다. 심지어 내일이나 다음 달의 경제적 상황을 예측할 수 없다는 두려움으로 미래에 대한 투자를 중단해 버릴지도 모른다.

직장 내 편견과 편향

우리는 모두 인간인 이상, 편견이나 편향된 사고를 완전히 피할 수 없다. 또한 인생이라는 긴 여정을 거치는 과정에서 매 순간 100퍼센트 완벽하게 가장 포용적으로 의사를 결정하는 것도 불가능한 일이다. 인간으로 살아간다는 것은 그렇게 되지 않는다.

무의식적 편견unconcious bias. 누구나 무의식적 편견이 있다. 성장 배경, 개인적 경험, 문화적 맥락 등이 행동과 결정에 영향을 미칠 때 이를 무의식적 편견이라 한다. 무의식적 편견은 자신도 모르게 어떤 사람이나 상황에 대해 순식간에 판단하고 평가할 때 나타난다. 물론 빠른 의사결정이 시간과 에너지를 절약할 때도 종종 있지만, 때로는 반사적인 반응이 나쁜 선택으로 연결되기도 한다.

거리 편향distance bias. 직장에서 거리 편향이라는 장애물은 다양한 방식으로 나타난다. 예를 들어, 사무실에서 업무를 처리하다 곧장 답을 들어야 하는 질문이 생각났다고 해보자. 이때 뇌는 해당 질문과 관련한 지식이 가장 풍부한 사람이 아니라 반사적으로 가장 가까운 자리에 있는 사람을 찾는다. 승진이나 프로젝트 리더 선정도 마찬가지다. 상사의 눈에 자주 보이는 사람에게 기회가 돌아가는 경우가 많은 것이 현실이다. 똑같이 유능하더라도 평소에 상사와 별다른 교류가 없는 사람은 기회를 놓칠 가능성이 크다.

편의 편향expedience bias. 편의 편향은 시급한 상황에서 정보를 수집하거나 조사하기 위한 시간을 갖지 못하고 직감에 따라 판단하고 결정할 때 발현된다.

유사성 편향similarity bias. 유사성 편향은 자신과 비슷한 사람이 그렇지 않은 사람보다 더 낫다고 믿을 때 나타나며, 모두가 같은 의견과 신념을 공유하는 '집단 순응 사고' 현상을 만들어낼 수 있다. 이렇게 되면 팀이나 프로젝트에 사고의 다양성이 확보되기보다는 집단적 사고에 따른 일방적이고 편향된 해결책이 도출되기 쉽다.

> **브레인체크** 이제 실제로 확인해 볼 차례다. 종이를 한 장 꺼내, 업무와 관련한 문제를 논의하거나 도움을 청할 사람을 세 명에서 다섯 명 적어보자. 단, 가까운 친구나 가족은 제외해야 한다. 그런 다음 각 사람 옆에 다음 네 가지 항목의 정보를 적어보자.
>
> • 성별
> • 나이
> • 인종
> • 거주지

이제 종이에 적은 내용을 살펴보자. 독자 여러분 자신과 얼마나 비슷한지 알 수 있는가? 대부분 우리는 자신과 유사한 사람들을 떠올리게 되기 때문이다. 전혀 의도하지 않더라도, 우리와 가장 가까운 동료와 멘토, 그리고 우리를 가장 응원하는 이들은 우리와 매우 닮았을 가능성이 크다. 이것이 바로 무의식적 편견이 작동하는 방식이다. 이를 예방하기 위해서는 반사적으로 옆 사무실의 문을 두드리거나 자신과 비슷한 사람에게 연락하기 이전에 정신적 근육을 단련하고 뇌를 훈련하여 잠시 멈출 수 있어야 한다. 그렇지 않으면 가장 적절하고 다양한 최고 수준의 의견과 지원을 놓칠 수 있다.

호기심 부족

뇌는 우리 몸에서 가장 많은 에너지를 소비하는 기관이다 (이에 관한 자세한 내용은 다음 장에서 다룰 예정이다). 에너지 소비를 줄이기 위해 뇌는 패턴을 인식해 상황을 평가하고 의사를 결정하는 방식에 의존한다. 문제는 이러한 방식이 자연스럽게 호기심을 차단하고, 결국 혁신적이고 창의적인 사고를 저해할 수 있다는 데 있다. 호기심 부족은 학습 능력을 억제해 직업적 성장을 방해할 수 있다. 또한 동료나 고객과 맺은 관계를 손상하거나 약화할 수도 있다. 직장에서 호기심을 발휘할 여유가 없으면, 더 나은 상황을 만들지 못하고 (즉 프로세스 개선을 이뤄내지 못하고) 업무 효율성이나 만족도를 높이지 못하는 문제가 발생할 가능성이 커진다. 두려움을 기반으로 작동하는 뇌는 이 호기심 부족이라는 장애물을 곳곳에 설치한다. 호기심과 질문은 뇌가 생각하고 지적 능력을 활용하며 에너지를 소모하게 만들기 때문이다. 그래서 우리가 너무 바쁜 나머지 고개를 들지도 못한 채 '브레인 오프' 상태에서 그날 할 일을 하나씩 처리하며 하루를 보내곤 하는 것이다. 그렇지만 좋은 질문을 던지고 호기심이라는 근육을 자주 사용하면, 변화에 적응하고 무언가를 창조하며 상황을 개선하는 것뿐만 아니라 사람이나 사물을 새롭고 유용한 방식으로 이해하는 데도 도움이 된다.

성장형 사고방식 대신 고정형 사고방식

사고방식mindset은 우리가 생각하는 것보다 훨씬 중요한 역할을 한다. 스탠퍼드대학교 심리학과 교수인 캐롤 드웩Carol Dweck은 고정형 사고방식fixed mindset 또는 성장형 사고방식growth mindset을 갖는 것이 어느 한 개인의 성공을 결정하는 데 있어 결정적인 역할을 한다는 사실을 밝혀냈다. 쉽게 말해서 고정형 사고방식은 변화나 적응, 기술 개발을 믿지 않는 태도다. 그에 반해 성장형 사고방식은 시간이 지남에 따라 개인의 기술과 능력을 개발할 수 있다고 믿는 마음가짐이다.

직장에서 어떤 주제, 상황, 사람 또는 장애물에 대해 고정형 사고방식을 가지고 있다면, 이는 우리가 하는 생각과 선택에 한계를 부여할 수 있다. 고정관념에 사로잡혀 있는 것처럼 보여서 유연하지 못하거나 함께 일하기 어려운 융통성 없는 사람으로 여겨질 수도 있다. 또한 극도로 보수적이고 위험을 감수할 의지가 없는 사람으로 비칠지도 모르며, 이는 소속 팀이 프로젝트를 진행하거나 새로운 계획을 수립하는 데 걸림돌이 될 수 있다. 더 나아가 고정형 사고방식으로 일하는 사람은 위험을 감수하지 않고 호기심을 발휘하는 태도를 보이지 않기 때문에 동료들이 아예 팀 플레이어로 보지 않을지도 모른다. 그러므로 자신이 언제 고정형 사고방식에 따라 생각하고 행동하는지 알아차리는 것이 중요하다. 그러한 생각이나 행동은 업무를 수행하고 새로운 접

당신의 사고방식은 어떤 유형입니까?

성장형 사고방식
- 원하면 무엇이든 배울 수 있다.
- 좌절할 때도 인내한다.
- 내 한계에 도전하고 싶다.
- 실패에서도 배울 수 있다.
- '난 최선을 다한다'라고 다짐한다.
- 타인의 성공에서 영감을 받는다.
- 노력과 태도가 모든 것을 결정한다.

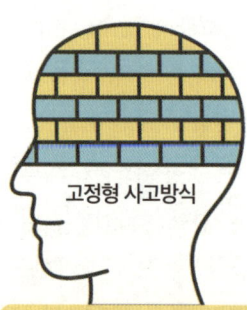

고정형 사고방식
- 모든 일은 잘하거나 못하거나 둘 중 하나다.
- 좌절하면 포기한다.
- 나 자신을 괴롭히고 싶지는 않다.
- 실패하면 가치 없는 사람이 된다.
- '난 똑똑한 사람이다'라고 되뇐다.
- 타인이 성공하면 위협을 느낀다.
- 능력이 모든 것을 결정한다.

근방법을 배우며 훌륭한 업무 관계를 구축하는 데 큰 걸림돌이 될 수 있기 때문이다.

인지 왜곡

인지 왜곡cognitive distortion은 적어도 내게는 큰 문제다. 인지 왜곡은 사실에 기반하지 않은 과장된 사고 패턴을 가리킨다. 불행히도 이러한 과장된 사고는 대부분 부정적인데다 매우 설득력 있어서 자신과 일상생활에 대해 부정적인 생각이 들게 한다. 가끔 경험하는 인지 왜곡은 인간이라면 자연스러운 일이지만, 그 빈도나 강도가 지나치면 정신적 웰빙에 심각한 영향을 미치는 경우가 많다.

인지 왜곡의 대표적인 사례는 다음과 같다.

- 모든 일을 재앙처럼 받아들인다.
- 성급하게 결론에 도달한다.
- 항상 옳아야 한다고 믿는다.
- 지나치게 일반화한다.
- 긍정적인 일은 애써 무시한다.

여기에서 나열한 사례를 읽기만 해도 이러한 사고방식이 업무와 직장 내 인간관계에 어떤 결과를 가져올 수 있는지 충분히 짐작할 수 있을 것이다. 인지 왜곡은 과도한 스트레스와 불안, 부정적 의사소통, 그리고 자신이 이룬 모든 성과를 비롯한 긍정적인 면을 인식하지 못하는 문제로 이어진다. 내 경우에는 특히 사소한 일을 지나치게 걱정하는 파국적 사고의 경향이 있다는 점을 유의해야 한다. 성급한 완벽주의적 성향 때문에 나는 원하는 만큼 차분하고 명확하게 일을 처리하지 못하는 경우가 적지 않다. 이는 내가 가장 다루기 힘든 장애물 중 하나다. 하지만 나는 이 사실을 인식하고 내가 보이는 반응을 바꾸기 위해 노력하고 있다. 가끔은 겁쟁이처럼 행동하고 하늘이 무너지는 것처럼 반응하는 나 자신을 발견하지만, 사실은 숨을 고르고 '브레인 온!' 상태로 돌아가기만 하면 쉽게 해결할 수 있는 사소한 문제일 뿐이라고 밝혀지기 때문이다.

> **브레인 체크** 이제 잠시 멈춰서 창밖으로 보이는 자연을 관찰하거나 자신을 미소 짓게 하는 것을 찾아보자.

외적 장애물

우리 뇌가 오프라인 상태가 되어 사고를 멈추고, 우리가 해내고 싶은 일과 일상을 보내고 싶은 방식에서 벗어나게 만드는 외적 장애물도 무수히 많다. 그중에서도 특히 해로운 몇 가지를 소개한다.

방해 요인

우리를 둘러싼 환경에서 낯설거나 신기하거나 바뀐 것이 조금이라도 있으면, 우리 뇌 속 편도체와 그 '경보 시스템'은 이를 파악하기 위해 즉시 반응하고 활성화된다. 이는 우리가 핸드폰과 뉴스, 소셜 미디어에 중독되는 이유 가운데 하나다. 우리 뇌는 이메일이나 문자 메시지, 소셜 미디어의 형태로 좋은 소식이 찾아온다고 학습했고, 이는 뇌의 보상 시스템을 자극해 우리가 점점 더 많이 원하도록 만든다. 그러나 불행하게도 이와 같은 기술 기반의 외부 방해 요인 중 상당수는 부정적인 정보를 전달하거나 시간을 낭비하게 하며, 더 나아가 우리의 웰빙이나 생산성, 인간관계 목표 측면에서 전혀 도움이 되지 않는다.

까다로운 대화

계약 조건을 재협상하거나 결정해야 하는 사안에 대해 직장 동료와 의견이 충돌하거나, 기대에 못 미치는 프로젝트 결과에 대한 피드백을 전달해야 할 때가 있다. 이처럼 불편할 수 있는 상황들도 양질의 업무성과를 내고 팀과 조직을 성장으로 이끌기 위해서는 꼭 필요한 대화들이다. 하지만 이에 대한 감정적 인식과 반응으로 인해 우리는 이러한 대화를 불편하고 까다로우며 가능한 한 피하고 싶은 것으로 인식한다. 까다로운 대화에서 직접 겪은 부정적인 경험에 더해 통제할 수 없는 대화 상대의 반응에 대한 두려움은 우리 뇌가 평정심을 유지하고 작동하는 능력을 저해할 수 있다.

까다로운 대화라는 외적 장애물로 인해 사람들은 직장에서 상황이나 환경을 개선하자고 목소리 내는 일을 망설일 수 있다. 대화 상대가 화내거나 상처받지 않도록 접근할 방법을 고민하다 밤잠을 설칠 수도 있다. 그도 아니면 단지 갈등을 피하고 싶다는 이유로 사람이나 회의 자체를 회피하기도 한다. 그리고 안타까운 사실은 초기에 해결하지 못한 문제는 점점 곪아서 결국 우리 자신은 물론이고 주변 모두에게 매우 불편하고 스트레스 가득한 업무 환경을 만들어낸다는 것이다. 두려움에 기반한 기본 반응 모드에 계속 머물면 절대로 좋은 결과는 찾아오지 않는다. 까다로운 대화를 외면한다고 해서 모든 문제가 저절로 해결되고 모두가 다시 행복해지는 일은 거의 없는 법이다.

> 💡 **브레인체크** 지금까지 인간의 뇌가 하루를 보내며 오프라인 상태가 되는 다양한 상황을 살펴보았다. 이 가운데 오늘 하루나 지난 한 달 사이에 독자 여러분이 직접 경험한 내적 장애물과 외적 장애물은 무엇인가? 잠시 시간을 내서 가능한 한 많은 사례를 적어보기를 바란다.
>
> 내적 장애물   외적 장애물
> _____   _____
> _____   _____
> _____   _____
> _____   _____
> _____   _____

뇌가 내적·외적 장애물에 어떻게 반응하는지 주의 깊게 살펴보자

인간의 뇌는 감정 조절을 통해 이와 같은 내적 및 외적 장애물을 관리하는 역할을 한다. 따라서 위협이 존재하거나 경보 시스템이 작동할 때 뇌가 이를 인지하고, 뇌에서 더 현명한 사고 영역이 '온' 상태로 활성화되어 더 건강한 반응을 보일 수 있도록 각자 자신의 뇌를 훈련해야 한다. 그리고 뇌 훈련 방법에 관한 간단한 힌트가 여기 있으니 꼭 기억해 두기를 바란다. '내적 장애물을 먼저 잘 관리하면, 외적 장애물까지 성공적으로 관리할 수 있다.'

직장이나 일상생활에서 편도체가 자신의 뇌를 이른바 '납치'하지 않도록 주의해야 한다. 뇌가 편도체에 납치당했을 때 나타나는 대표적인 징후는 다음과 같다.

- 기진맥진해서 번아웃 상태가 되거나 최소한 활력이 매우 떨어진다.
- 쉽게 당황하거나 좌절하며 화나 짜증을 잘 낸다.
- 걱정하고 불안해하며 겁에 질려 집중하지 못한다.
- 타인에게 날카롭게 말하거나 퉁명스럽게 반응한다.
- 타인이 이야기하는 도중에 자주 끼어든다.
- 상황이 종료된 뒤에 자신이 한 행동이나 말을 후회한다.
- (마음속으로나 공개적으로) 타인을 비난하거나 망신시키거나, 타인에게 죄책감을 심어준다.

편도체가 뇌를 납치하면, 우리 내면은 혼란과 경직을 경험하며 감정은 눈덩이처럼 커져서 통제할 수 없게 된다. 그러다 보면 결국 건강하지 못한 반응 때문에 직장 생활은 순식간에 무너지기 시작한다.

내면의 혼란 반응	내면의 경직 반응
비난	지연
걱정	우울
공포	슬픔
불만	무관심
조급함	단절
끝없는 생각	포기
충동	체념
화	무시
분노	부정

다시 한번 말하지만, 자기 자신과 자신의 뇌를 공감과 연민의 눈으로 바라보기를 바란다. 독자 여러분은 지금까지 자신이 매일 만나는 장애물 코스를 인식하고, 편도체가 뇌의 사고 영역을 얼마나 쉽게 장악하는지 알아차리는 법을 배운 적이 없다. 반면, 형편없는 감정적 반응으로 인해 에너지가 고갈되는 경험은 누구나 해봤을 것이다. 이는 우리가 하루가 끝날 무렵에는 소파에 푹 파묻힌 채 푹신한 담요를 덮고 시원한 음료를 마시며 좋아하는 드라마를 정주행하다 모든 것을 잊고 싶어 하는 이유이기도 하다. 이제 우리가 할 일은, 새로운 하루의 시작을 기대하는 열정으로 가득 차고 온종일 에너지가 충만한 상태를 유지할 수 있도록, 자신의 감정 반응을 관리하는 것이다. 다음 장에서는 이 에너지 관리에 관한 내용을 배울 것이다.

3장

매일이 지치고 피곤한 이유

뇌 에너지 관리 입문

2장에서 머릿속에 쏟아부은 정보에서 벗어나 독자 여러분의 뇌가 잠시 휴식을 취했기를 바란다. 이제 2장을 마치면서 정리한 내적 및 외적 장애물을 다시 한번 살펴보자. 이렇게 하는 이유는 우리가 매일 뇌에 마라톤을 달리라고 요구한다는 사실을 보여주기 위해서다. 그것도 전혀 쉽거나 평탄한 코스가 아닌 마라톤이다. 인간의 뇌가 매일 달리는 마라톤 코스는 전반적으로 울퉁불퉁한 지형에 '뇌를 괴롭히는' 장애물, 가파른 언덕, 진흙 구덩이 등이 수십 개나 있어서 이 모든 난관을 넘어 계속해서 앞으로 나아가려면 고도의 집중력과 인지 능력이 필요하다. 비유해서 표현하자면, 진흙 구덩이에서 생존을 위해 사투를 벌이는 서바이벌 게임에 매일 참여하는 것과 같다고 할 수 있다. 그리고 이를 매일같이 해내는 데 필요한 에너지는 실로 엄청난 수준이다.

하지만 매일 인간의 뇌가 활용할 수 있는 에너지의 총량에는 한계가 있다. 뇌를 거대한 배터리라고 생각해 보자. 온종일 꺼지지 않고 최고의 성능을 발휘하려면 반드시 전원을 연결하고 완전히 충전해야 할 것이다. 게다가 어떤 날은 평소보다 훨씬 더 많은 에너지를 소모하기도 한다. 이제 우리가 해야 할 일은 무엇일까? 바로 뇌의 에너지인 브레인 파워가 얼마나 빠르게 소진되는지 주의 깊게 관찰하면서 생산성과 성장, 행복으로 이어지는 목표와 작업에 꾸준하고 신중하게 에너지를 재분배하는 것이다. 이는 마치 핸드폰을 계속 사용하다 배터리가 한 칸밖에 남지 않았을 때 적용하는 전략과 같다. 이때 소셜 미디어를 여기저기 기웃거리거나 TV 프로그램을 스트리밍하는 데 얼마 없는 배터리를 낭비하는 사람은 거의 없을 것이다. 우리 뇌도 마찬가지다. 뇌의 에너지를 관리하는 것도 인식과 기술이 필요한 일이다.

인간의 뇌는 무게가 평균 1.4킬로그램에 불과하지만, 우리 몸 전체 에너지의 20퍼센트를 사용한다. 문제는 그 에너지 대부분이 부정적인 생각과 두려움 기반의 반응에 낭비된다는 사실이다. 인간이 하루에 얼마나 많은 생각을 하는지는 학자들 사이에서 의견이 갈리지만, 적어도 수천 가지에 이른다는 점에는 대다수 과학자가 동의한다. 그리고 이 엄청난 양의 생각은 대부분 부정적이거나 전날 했던 생각을 되풀이하는 것이다. 잠시 멈춰서 이 사실을 생각해 보자. 우리 뇌의 에너지가 대부분 기본적으로 생존 모드에 기반한 투쟁-도피-경직 반응에 소모되고 있다는 사실 말이다.

이러니 많은 사람이 매일 아침, 그날의 장애물 코스에 다시 뛰어들어야 한다는 생각에 별다른 기대나 에너지를 느끼지 못하는 것도 놀랄 일이 아니다. 우리는 자동 조종 모드에서 무의식적으로 작동하는 마음이 하루 중 거의 모든 시간을 좌우한다는 사실을 배운 적이 없다. 그러니 인간의 뇌가 얼마나 무의식적으로 작동하는지도 (당연히!) 알지 못한다. (지금 이 문장을 여러 번 읽고 완벽하게 인식해야 한다!) 결국 무의식, 즉 '브레인 오프' 모드가 우리가 하는 거의 모든 일을 매일 통제하고 있는 것이다.

그러므로 부정적이고 건강하지 않은 반응이 에너지를 소모하고, 그 결과 사고가 왜곡되어 걱정, 불안, 문제, 갈등, 번아웃 등으로 시달리는 하루를 보내게 된다는 점을 인식하는 것이 정말 중요하다. 우리는 자기 뇌가 무의식적 모드로 전환되었다는 사실을 자각하지 못한 채, 4만 년 전에 사라진 인류의 조상 네안데르탈인처럼 반응하는 자신을 어느 순간 발견하게 된다. 뇌 속 배터리가 소진되기 시작하면 일에 대한 열정과 흥미가 떨어지고 업무 몰입도가 낮아진다. 계속 앞으로 나아갈 수 있는 연료가 부족하기 때문이다. 하지만 직장 생활에서 의식적이고 전략적으로 브레인 파워를 끌어올릴 수 있다면, '브레인 온!' 상태를 유지하면서 몰입도와 생산성까지 높일 수 있다.

> 💡 **브레인체크** 이번 장에서 배운 내용을 바탕으로 생각해 보면, 독자 여러분은 지난 5분 동안 자신이 읽은 내용 중 실제로 기억에 남는 것은 아마도 절반 정도라는 사실에 정신이 번쩍 들 것이다. 그 짧은 시간 사이에 여덟 번 넘게 정신이 산만해지거나 마음이 방황하고 있었으며, 심지어 이 사실을 자각하지도 못했을 것이다. 그냥 방 안을 여기저기 두리번거렸을 수도 있고, 이메일이나 문자 메시지를 확인하려고 핸드폰을 몇 번 확인했을 수도 있다. 아니면 자리에서 일어나 스트레칭을 했거나, 뭔가를 먹거나 마시러 갔을지도 모른다. 이런 행동이 잘못됐다고 말하려는 게 아니다. 그저 완벽하게 집중하는 사고의 뇌를 무의식 속 뇌가 압도했을 뿐이다.

'브레인 온!' 상태를 가장 간단하게 설명하면, 자신의 뇌가 어떻게 행동하고 반응하는지 인식하는 것이다. 이와 같은 뇌 인식이 없으면 직장에서 보내는 하루를 성공적으로 관리할 수 없다. 마치 자동차 앞 유리가 지저분하거나 김이 서린 상태로 고속도로를 운전하는 것과 같아서 눈앞에서 벌어지는 일도 명확하게 볼 수 없기 때문이다.

충분한 에너지와 함께 '브레인 온!' 상태가 되면, 다음과 같은 긍정적인 감정을 더 많이 경험하게 된다.

- 낙관
- 차분함
- 균형감
- 평온함
- 행복
- 감사
- 집중력
- 장난기
- 성취감
- 영감

이와 같은 감정을 더 많이 느끼고 싶지 않은 사람이 과연 있을까? 멘탈 피트니스 훈련에 전념하고 이를 규칙적으로 실천할 때 얻게 되는 보상은 실로 엄청나다. 일과 삶에 더 많은 기쁨과 생산성, 목적의식을 가져올 수 있는 거의 유일한 방법이 바로 정신 건강 강화이기 때문이다.

> 💡**브레인체크** 위에서 나열한 긍정적 감정 가운데 직장에서 더 자주 경험하고 싶은 단어 두 개를 적은 다음, 왜 그 감정을 더 느끼고 싶은지 생각해 보자. 이제 이 두 단어는 독자 여러분이 멘탈 피트니스 훈련을 꾸준하게 열심히 실천하는 과정에서 동기를 부여하는 데 도움이 될 것이다. 성공하려면 동기와 목표가 필요한 법이다. 이제 독자 여러분의 정신적 웰빙 성공 스토리는 바로 여기 이 두 단어에서 시작한다.
>
> 1. _____
> 2. _____

나는 독자 여러분이 자기 자신과 자신의 뇌를 조금 더 공감하고 연민의 눈으로 바라보면 좋겠다고 생각한다. 알지 못하는 것은 바꿀 수도 없기 때문이다. 에너지가 바닥나고 하루가 힘들어지기 시작하면 정신을 차리고 자신과 주변을 제대로 인식하는 일이 정말 어려워지기 마련이다. 거의 모든 일은 무의식 속에서 순식간에 일어나 버린다. 이제, 스스로 칭찬해 보기를 바란다. 오늘날처럼 현대적이고 복잡한 업무 환경 속에서 고도로 복잡한 방식으로 뇌를 활용하여 여기까지 온 것만으로도 그럴 자격은 충분하다. 그리고 뇌 근육을 강화하고 에너지를 유지하며 '브레인 온!' 상태를 유지하는 법을 배우면, 우리가 얼마나 더 활력 있게 살아갈 수 있을지 상상해 보자.

우리는 각자 고유한 감정 유전자 구성, 환경, 그리고 (대개는 불쾌한) 과거 삶의 경험이 낳은 산물이다. 여기에 뇌의 예측적 특성까지 더해지면, 우리는 어렵지 않게 '브레인 오프' 상태로 빠져들 수 있다. 예를 들어, 새로운 기회나 고객, 심지어 새로 팀에 합류하는 동료나 상사에 대한 기대감에 차있는 순간에도 우리 뇌는 어느새 개학 첫날이나 새 학교로 전학한 날의 기억으로 되돌아간다. '과연 나를 좋아해 줄까? 함께 어울려 지낼 수 있을까? 점심은 누구랑 먹지? 회의 시간에는 옆자리에 누가 앉을까? 그 끔찍한 친목 활동에 참여하게 되면 어떡하지?' 등 수많은 생각이 꼬리를 문다. 그러다 보면 결국 자신도 모르게 마음이 전혀 진정되지 않아 잠도 이루지 못하면서 머릿속으로 수백만 가지 시나리오를 떠올리게 된다. 그리고 그 원인은 바로 우리 뇌에 설치된 오래된 프로그램과 구식 파일 시스템, 그리고 더 나아가 이성적으로는 그렇지 않다는 것을 알면서도 우리 뇌가 이러한 상황이 생존에 위협이 된다고 여긴다는 사실에 있다.

우리 뇌의 새로운 역할과 책임은 모든 순간에 알아차림 awareness과 함께 작동하는 것이다. 그리고 그 목표는 하루를 보내면서 정기적으로 우리 자신을 점검함으로써 우리가 '브레인 오프' 상태가 되어 자율주행하는 자동차처럼 무의미하게 어느 한 작업이나 회의에서 다음 작업이나 회의로 옮겨 다니는 움직임을 반복하지 않도록 하는 것이다. 이러한 상태가 되면 어떤 상황이나 작업을 명확하고 객관적이며 이성적으로 보고 판단할 수 없다. 또한 '브레인 오프' 모드에서 일하게 되면 생산성이 떨어지고 스트레스가 쌓이며 일에서 오는 즐거움도 줄어든다.

'브레인 온!' 상태란 하루 중에 벌어지는 일을 처리하는 데 있어 의식적이고 전략적으로 일하는 때를 가리킨다. 그리고 그 과정에서 멘탈 피트니스 기법과 연습, 습관을 활용하여 높은 에너지를 유지하고 일에 대한 열정과 목표 달성을 향한 의지를 지속하는 것을 뜻한다. 이것이 바로 '브레인 온!'이 향하는 최종 목적지다. 고도의 정신적 및 감정적 조절 능력을 활성화함으로써 에너지를 최고 상태로 유지하고 일에서 진정한 즐거움과 몰입을 경험하는 것 말이다.

인간이 가진 현명한 사고의 뇌는 매 순간 켜진(온) 상태거나 꺼진(오프) 상태에 있다. 그리고 인간의 행복보다 안전을 우선하도록 만들어진 뇌의 구조에 따라 사고의 뇌는 대부분의 시간 동안 '오프' 상태에 있다. 그 결과 우리는 어쩔 줄 모르고 진이 다 빠지며 두렵고 화가 나는 데다 갈등 상황에 놓인 느낌을 받으며, 더 나아가 업무 시간 동안 부진한 성과를 내는 결과를 초래하기도 한다. 반드시 기억해 두기를 바란다. 어느 한 시점에 활성화될 수 있는 뇌의 모드는 '온'과 '오프' 가운데 하나뿐이다. 만약 우리 뇌가 대부분 시간 동안 '오프라인' 상태에서 자동 조종 모드로 무의식 속 프로그램에 따라 작동한다면, 우리의 의사결정과 상호작용, 성과 모두 기대에 미치지 못할 수밖에 없다.

지금 독자 여러분의 모드는
'브레인 온'인가, 아니면 '브레인 오프'인가?

브레인 온!

의식이 주도하는 삶
= 결과에 대한 자신감

- 옳음보다 배움에 더 관심을 둔다.
- 몸과 마음, 감정이 모두 열려 있다.
- 호기심이 많고 스스로 의문을 제기한다.
- 타인을 경청하고 존중하며 이해한다.
- 신뢰한다.
- 성장하고 성공을 중요시한다.

브레인 오프

무의식이 주도하는 삶
= 기대 이하의 결과

- 위협 상태에 더 관심을 둔다.
- 분노를 느끼는 것은 당연하다고 여긴다.
- 방어하고 정당화한다.
- 생각, 감정, 감각에 마음을 닫는다.
- 책임을 떠넘긴다.
- 안전과 생존을 우선한다.

이제 이 그림을 활용하면 하루를 보내는 과정 중 자신이 어떤 상태에서 활동하고 있는지 이해할 수 있도록 스스로 점검할 수 있다. 자기 뇌의 상태를 점검할 때는 이렇게 질문하면 된다. "나는 지금 (의식적인) 사고의 뇌를 쓰고 있는가? 아니면 (무의식적인) 감정의 뇌를 쓰고 있는가? 근본적으로 말하자면, 나는 지금 '브레인 오프' 상태인가, 아니면 '브레인 온' 상태인가?"

그렇다면, 집중력과 생산성 유지에 도움이 되는 에너지가 자기 뇌의 연료탱크에 얼마나 남아있는지는 어떻게 평가할 수 있을까? 이를 위해 나는 우리 대부분이 매일, 매주, 매달, 또는 매년 경험하는 네 가지의 '뇌 에너지 상태'를 다음과 같이 정의했다.

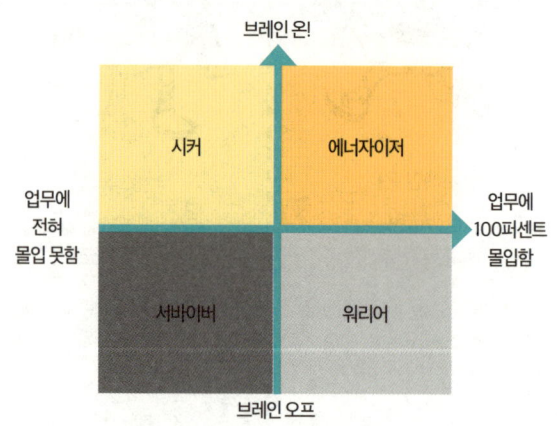

여기서 목표는 하루 중 가능한 한 많은 시간 동안, 그리고 가능한 한 많은 날 동안 우리 뇌가 '에너자이저' 모드에 있도록 하는 것이다. 나머지 세 가지의 에너지 상태는 직장에서 경로를 크게 벗어나 업무에 대한 열정을 잃고 몰입하지 못하는 상태를 나타낸다. 여기서 내가 말하는 우리 뇌에 필요한 에너지는 음식에서 얻는 칼로리가 아니라 고갈되지 않고 완전히 충전된 상태의 에너지를 의미한다. 즉, 업무에 몰입하고 있을 때 느끼는 에너지와 단지 기계적으로 일상을 보낼 때 느끼는 에너지 사이의 차이라고 할 수 있다.

에너자이저 Energizer

"오늘 정말 많은 일을 해냈다니까. 아주 기분 좋고 내일도 잘 해낼 수 있을 것 같아!"

에너자이저 상태가 바로 우리가 추구하는 목표다. 여기서는 '브레인 온!' 상태를 유지하기 때문에 정신 건강이 최고 수준에 머물러 있으며, 온종일 힘든 상황에 맞닥뜨리더라도 위기 모드에 빠지지 않는다. 최고 수준의 에너지와 집중력을 유지함으로써 더 많은 일을 해내고 일상에서 더 많은 의미를 발견할 수 있다. 또한 소속감과 유대감을 느끼고, 달성하고 싶은 목표에 더 많은 시간을 쏟을 수도 있다. 에너자이저 상태는 직장에서 더 큰 행복과 몰입을 가능하게 한다.

시커 Seeker

"뭔가 조금 이상한 하루 같아. 일에 대한 열정이 잘 안 느껴져."

아마도 직장에서 한자리에 오래 머물렀거나, 프로젝트가 계속 늘어지고 있거나, 아니면 최근에 힘들고 지루한 일이 아주 많았을지 모른다. 그래서 현실에 만족하지 못한다. 하지만 이 영역에 있는 사람은 정신적으로 탄탄하고 자기 생각과 감정을 인식하고 있다. 그러므로 '브레인 온!' 상태에서 전략적으로 사고하며 투쟁-도피 모드에 빠지지 않는 반응을 보인다. 건강하고 건전하게 행동할 필요가 있으며, 더 많은 열정과 즐거움, 관심사에 따라 업무를 조정할 방법을 찾아야 한다는 것을 잘 알고 있기 때문이다.

워리어 Worrior

"내 일은 정말 좋아하지만, 스트레스가 너무 많아서 번아웃된 것 같아."

이번 주 내내 자동 조종 모드로 순항하며 수많은 일을 해냈다. 하지만 실제로는 그다지 기쁘거나 즐겁지 않으며, 자기 관리도 제대로 되지 않았을 수도 있다. 어쩌면 과잉 생산성 상태에 있거나, 심지어 잠시 쉬거나 식사도 제대로 하지 않은 채 그저 밀어붙이기만 했을지 모른다. 뇌의 배터리에 휴식을 주고 재충전할 수 있는 다른 방법을 활용하지 않았을 수도 있다. 자신을 충분히 돌아보지 않다 보니 더욱 충만한 내일을, 그리고 그다음 날을 보낼 수 있도록 브레이크를 밟고 생각이나 감정, 인간관계의 질을 평가하지 않았을 가능성도 있다. 만약 이러한 상태가 너무 오래 지속된다면, 자신에게 던져야 하는 질문은 '나는 내 성공을 감당할 수 있을까?'이다. 성공에는 어떤 대가가 따를까? 건강? 인간관계? 지나치게 일에만 몰두하면, 결국 '브레인 오프' 상태에서 에너지가 고갈되고 건강하지 않은 날을 맞이하게 될 뿐이다.

서바이버 Survivor

"업무에서 문제만 생기는 것 같아. 정말로 오늘 하루가 빨리

끝났으면 좋겠어."

직장에서 분노와 좌절을 유발하는 사람이나 상황이 자신을 끊임없이 공격하는 것만 같다. 모든 사람과 존재가 자신을 괴롭히는 것처럼 느끼며 쉴 틈도 전혀 없다. 의미 없고 관심도 없는 업무를 계속하고 있었다. 사고의 뇌는 기능을 멈추고, 거의 100퍼센트 감정의 뇌, 즉 변연계만 작동해 건강하지 않고 불쾌한 감정 반응을 유발한다. 온종일 투쟁-도피 모드에서 반응한 결과 직장 생활이 불안하고 우울하며 불행해진다. 직장에서 간신히 버티고 있다고 느끼거나 심지어 고통스럽다고 생각한다. 퇴근 시간만 기다리는 사람이라고 불리기도 하며, 시간은 자신에게만 지독히도 느리게 흘러간다.

> 💡 **브레인 체크** 오늘, 혹은 이번 주에 독자 여러분은 얼마나 에너지가 충전되어 있었는가? 잠시 시간을 내어 자신이 대부분의 시간 동안 네 가지의 에너지 상태 가운데 어떤 영역에 가장 가까웠는지 되돌아보자. 그리고 만약 '에너자이저' 모드에 있지 않았다고 생각하면, 그 영역에 도달하지 못하게 방해한 내적 장애물과 외적 장애물을 구체적으로 적어보자. 만약 에너자이저 모드에 있었다면, 이는 아주 좋은 신호. 그 지점에 도달할 수 있었던 이유를 곰곰이 되짚어 보자. 업무에 대한 집중력과 몰입도를 유지하기 위해 의식적이고 전략적으로 한 일은 무엇일까? 그리고 그러한 노력이나 습관을 매일 반복하여 일상생활의 루틴으로 자리 잡게 한 방법은 무엇일까?

이번 주에 자신이 어떤 에너지 상태에 있었는지 되돌아본 다음에는 무엇보다도 자신에게 친절해지기를 바란다. 특히 '브레인 오프' 상태인 '서바이버'나 '워리어'에 더 자주 머물렀던 경우라면 더욱 그래야 한다. 신체적 건강은 거울에 비친 자기 모습을 보거나 의사를 찾아 건강 검진을 받아 확인할 수 있지만, 정신적 강인함이나 웰빙 상태는 그렇게 눈으로 보거나 측정할 방법이 없다. 물론 좋은 소식은 있다. 2부에서 보다 자세히 다루겠지만, 뇌의 힘과 회복탄력성을 한층 업그레이드할 수 있는 멘탈 피트니스 운동법과 이를 실생활에서 실천할 수 있는 팁을 배울 수 있다. 그리고 더 좋은 소식은 이 멘탈 피트니스 훈련이 옷을 갈아입고 헬스장으로 간 다음 복잡한 기구를 활용해 격렬하게 운동하는 것처럼 따로 시간을 내야 하는 일이 아니라는 사실이다. 우리는 이미 뇌를 사용하고 있다. 다만 새로운 정신적 근육을 형성하기 위해 올바른 방식으로 뇌를 훈련하지 않았을 뿐이다. 핵심은 뇌를 더 열심히 쓰는 것이 아니라 더 영리하게 활용하는 것이다. 즉, 일과를 마치고 집으로 향할 때 에너지가 전부 소진된 느낌이 아니라 재충전된 기분으로 다음날에도 오늘처럼 긍정적인 모드에서 시작할 준비가 된 느낌을 받을 수 있도록 뇌를 관리하고 조절하는 것이 중요하다. 이렇게 할 수만 있다면 얼마나 멋진 일이 될지 상상해 보자.

앞서 1장에서 내가 한 이야기를 다시 떠올려 보자.

'우리는 자신의 뇌를 활용하여 직장에서 경험하고 싶은 감정을 스스로 조절하거나 만들어낼 수 있다.' 나는 이 말이 아마도 이 책에서 독자 여러분에게 가장 힘을 실어주는 이야기 중 하나일 것이라고도 언급했다. 이번 장에서는 매일 '에너자이저' 상태를 경험하는 것을 왜 목표로 삼아야 하는지 살펴보았다. '에너자이저' 상태에서 누릴 수 있는 가장 좋은 이점은 단지 할 일을 적은 목록에서 하나씩 지워나가거나 긴급 상황에 단순히 반응하는 데 그치지 않고, 매일 자신의 강점과 능력을 돋보이게 하는 데 훨씬 더 많은 시간을 할애할 수 있다는 것이다.

4장

에너자이저 모드를 유지하려면

에너지, 강점에 집중하라

3장에서 다룬 내용을 바탕으로 온종일 '에너자이저' 영역에 머무는 것이 목표인 이유를 충분히 이해할 수 있을 것이다. 그렇다면, 직장에서 할 일은 산더미처럼 많고 수많은 방해 요인들이 유혹하는 가운데 그 목표를 어떻게 달성할 수 있을까? 그 시작은 바로 직장에서 발휘할 수 있는 자신만의 고유한 강점을 파악하고, 자신이 가진 에너지를 활용해 그 강점이 빛을 발하고 커가도록 유도하는 것이다.

직업이나 직함이 무엇이든 모든 사람이 바라는 것은 같다. 행복해지고, 맡은 바 책임을 다하고 변화를 만들었다는 자부심을 느끼며, 함께 일하는 사람들과 좋은 관계를 유지하는 것이다.

이제 막 사회생활을 시작한 사람이든 아니면 기업에서 높은 자리에 있는 사람이든 상관없이, 스스로 자랑스러울 만한 변화를 만들어내는 일은 자신의 강점, 즉 '슈퍼파워'가 무엇인지 알고 이를 활용해 매일 최고의 모습을 보여주는 데서 시작한다. 이와 같은 선천적 재주와 재능에 연결되면, 직장에서 더 많은 에너지를 얻고 더 크게 동기가 부여되어 업무에 더 적극적으로 임할 수 있다. 반대로 직장에서 자신의 강점을 발휘하지 못한다면, 일에서 행복과 흥미를 느낄 가능성은 작아진다. 또한 그렇게 하루하루 버티는 삶은 자신의 에너지 수준에도 부정적인 영향을 미친다. 자신의 강점이 무엇이고 이를 어떻게 활용하고 싶은지를 명확히 이해하면 방향 감각과 목적의식을 가질 수 있다. 목적의식은 직장에서 몰입과 참여의 근간이다. 스스로와 조직을 위해 해내고 싶은 일에 온전히 집중할 수 있는 내적 동기도 부여한다. 그리고 궁극적으로는 뇌의 배터리가 항상 완전히 충전되었기 때문에 적극적으로 움직이고 싶어 온몸이 근질거리는 상태를 유지하는 데도 도움이 된다.

나는 자신의 강점을 파악하고 활용하는 일의 가치를 꽤 오래전에 깨달았다. 실제로 나는 내 강점을 명확하게 밝히고 어떤 맥락에서 활용할 수 있는지 이해하기 위해 여러 번에 걸쳐 공식적으로 진단받기도 했다. 진단 방법이 무엇이든, 공통적으로 드러나는 사실은 내 강점과 열정은 사람들에게 영감을 주는 혁신적인 무언가를 만들어내는 데 있다는 것이다. 즉 '혁신'과 '영감'이 내 슈퍼파워라는 이야기다. 그리고 이러한 강점을 잊지 않고 활용할 때(브레인 온!), 나는 더욱 에너지가 넘치고 동기가 부여되며 성취감을 느낀다. 예를 들어, 이 책을 쓰게 된 동기도 독자 여러분이 직장에서 이 혁신적인 멘탈 피트니스 훈련 방법을 받아들여서 매일 성취하고 성공할 수 있도록 영감을 주고 싶다는 마음에서 비롯된 것이다. 이 프로젝트가 만만치 않고 부담스럽게 느껴질 때도 있었지만, 내 강점과 목적의식 덕분에 끝까지 밀어붙일 수 있는 에너지와 동기를 얻을 수 있었다.

우리 가운데 많은 이들이 직장에서 달성해야 할 성과 목표를 매출액, 고객 유지율, 신규 고객 확보율, 수익률 등의 형태로 구체적으로 부여받는다. 하지만 소위 직장 생활의 목적은 그보다 더 깊은 차원에 있다. 즉, 고객과 팀, 조직은 물론이고 궁극적으로 자기 삶에 진정한 변화를 가져오는 자신의 모습을 스스로 인식, 즉 자각하는 것이다. 직장에서 이를 명확하게 인식하면 자신에게 가장 성취감을 주는 프로젝트와 활동에 자신의 강점을 활용할 수 있고, 이는 다시 '에너자이저' 상태에 도달하는 데도 도움이 된다.

몰입은 웰빙의 수준을 끌어올린다

갤럽Gallup의 한 연구에 따르면, 자기 일에 몰입하는 사람들은 전혀 다른 차원의 행복과 스트레스를 경험한다. 실제로 연구에서 업무에 적극적으로 참여한 사람들은 온종일 훨씬 더 높은 수준의 행복을 느꼈으며, 심지어 휴일에도 더 행복하다고 생각했다. 그에 반해 업무에 몰입하지 못한 이들의 경험은 정반대였다. 스트레스 수준은 훨씬 더 높았고, 행복한 감정은 일과를 마치고 퇴근할 때가 돼서야 겨우 느낄 수 있었다. 그렇다면 우리는 왜 자기 삶에서 이처럼 많은 시간과 나날을 더 스트레스 받고 덜 행복한 상태에서 보내야 할까? 그럴 이유는 없다. 자신의 목적과 강점을 인식하고 이를 자신이 하는 업무에 적용하면, 우리의 웰빙은 24시간 내내 긍정적인 영향을 받게 될 것이다.

자신의 목적을 찾고 강점을 파악하는 방법에 관한 훌륭한 서적과 평가 도구는 많이 있다. 그 가운데 내게 특히 도움이 된 자료를 홈페이지www.debsmolensky.com/resources에 정리해 두었으니 참고하기를 바란다. 한편, 타고난 재능을 파악한 다음 연습을 통해 강점으로 발전시키는 데 투자하는 과정을 도와주는 클리프턴 강점 진단CliftonStrengths Assessment과 같은 도구에 익숙한 독자도 일부 있을 것이다. 결국 이런 도구들이 강조하는 논리는 기억하기 쉬운 공식으로 표현할 수 있다. 바로 '재능×투자(연습)=강점'이다.

내가 가장 좋아하는 책 중 하나로는 톰 래스Tom Rath의 저서 《인생에서 가장 위대한 질문: 세상에 어떻게 이바지할 것인가 Life's Greatest Question: Discover How You Contribute to the World》를 꼽을 수 있다. 인간 행동 전문가이자 갤럽의 선임 연구원인 래스는 '우리가 정말로 해야 하는 일은 직업을 통해 이 세상에 가장 크게 이바지할 방법을 찾는 것'이라고 말한다. 그리고 우리 각자가 개별적으로 '목적의식을 가지고 공헌할 방법을 스스로 찾아야 한다'라고 강조한다.

세상에 '완벽한' 직업은 없지만, 래스는 나와 마찬가지로 사람들 대부분은 각자 자신이 맡은 역할에서 가능한 한 크게 이바지하는 것부터 시작할 수 있다고 생각한다. 이처럼 기여를 극대화하는 것은 '브레인 오프' 상태가 되어 경로에서 이탈했을 때가 아니라 반드시 뇌에 에너지가 완전히 충전되고 '브레인 온!' 상태가 되어야만 가능한 일이다.

이를 보여주는 간단한 사례로는 미국 메이저리그 야구나 영국 프리미어리그 축구와 같은 프로리그 팀 스포츠를 생각해 볼 수 있다. 팀의 모든 선수는 각자 자신만의 강점과 재능을 가지고 있기에 팀에 선발되었으며, 이러한 개별적 역량이 모여 팀을 승리로 이끄는 것이다. 하지만 어느 한 선수가 벤치를 달구기만 하고 출전 기회를 전혀 얻지 못한다면, 그 선수는 더 이상 경기에 몰입하지 못할지도 모른다. 물론 벤치에서 팀을 응원하는 방식으로 여전히 이바지할 수는 있지만, 이들이 본래 가진 목적이 온전히 실현되고 기여가 극대화되는 것은 아니다. 독자 여러분도 마찬가지다. 의미 없고 하찮아 보이는 일을 해야만 하는 날도 있을 것이다. 어쩌면 사람들이 주목하는 프로젝트나 중요한 회의에서 배제된 자신을 발견할지도 모른다. 이런 날이 반복되면 다시 '시커' 모드나 '서바이버' 모드로 후퇴할 수 있다.

그러나 지금 하는 일을 원하는 일로 바꾸는 것은 언제든 가능하다. 래스가 자신의 책을 준비하며 진행한 연구에 따르면, 직장에서 이루어지는 기여는 '창조'나 '실행', '관계'와 같이 보편적인 단어 세 가지로 설명할 수 있다. 이제 이 세 가지의 접근방법을 이용하여 직장에서 보여줄 수 있는 자신만의 고유한 강점과 기여가 무엇인지 생각해 보자.

> **브레인체크** 자신의 강점, 재주와 재능, 기여 등 고유한 슈퍼파워를 설명하는 단어를 세 가지 떠올려 보는 시간을 잠시 가져보자. 처음부터 완벽한 단어를 찾을 필요는 없다. 시간이 지나면 결국 직장에서 자신의 강점을 기꺼이 활용하는 방법을 더 명확하고 깊이 있게 묘사하는 단어를 새롭게 찾을 수도 있기 때문이다. 다음 세 가지의 간단한 기법은 독자 여러분이 자신만의 세 단어를 찾는 데 도움이 될 수 있다.

기법 1: 하이라이트 장면만 다시 본다

자기 인생의 하이라이트 장면으로 돌아가 다시 보자. 과거를 되돌아보며 직장에서 정말 즐거웠거나 변화를 만들었다고 느낀 경험을 적으면 된다. 그 시기에는 분명 '에너자이저' 상태에 있었을 것이다. 이제 그러한 경험의 공통점이 무엇이었는지 생각해 보자. 무언가 새로운 영감을 불러일으켰나? 팀이나 고객에게 기대 이상으로 헌신한 적이 있는가? 혹은 특히 힘들고 바쁜 시기에도 주변 사람들의 사기를 북돋운 사람이 바로 자신이었나? 이와 유사한 경험을 생각나는 대로 써 내려간 다음 이 경험들의 공통점을 설명하는 단어를 몇 가지 적어보자.

기법 2: 자신을 정말 잘 아는 사람에게 물어본다

직장 동료나 친구, 가족에게 자신의 강점을 알려달라고 하는 것도 좋은 생각이다. 자신을 정말 잘 알고 다양한 상황에서 함께한 사람을 몇 명 만나서 이야기를 나눠보자. 이들은 우리가 가진 강점뿐 아니라 인생을 살면서 동경의 대상이 되었던 측면에 대한 객관적이고 때로는 놀라운 시각을 가지고 있을 것이다. 예를 들어, 내 배우자는 내가 이 책을 쓰기 전까지는 자신의 목적이나 강점에 대해 깊이 생각해 본 적이 없었다. 하지만 그의 삶의 하이라이트 장면에 관한 이야기를 나눈 뒤에 우리는 그의 인생에서 가장 중요한 목적이 '재미있게 지내는 것'임을 알게 되었다. 많은 사람이 그렇듯, 그의 직감적인 첫 반응은 말도 안 되는 소리라는 것이었다. "내 인생의 목적이 재미라고? 그건 별로 의미 있는 게 아니잖아." 하지만 조금 더 깊이 이야기를 나누면서 딱 들어맞는 표현임이 분명해졌다. 실제로 그는 우리 가족의 분위기를 밝게 만들고 다 함께 즐길 수 있는 아이디어를 자주 제안한다. 또한 직장에서는 직원들에게 열심히 일하면서도 즐거움을 잃지 않고 결과적으로 고객에게 최상의 결과를 전달하는 환경이나 분위기를 조성한다. 그래서일까? 그는 많은 사람이 스트레스가 심한 산업이라고 생각하는 컨설팅 업계에서 일하고 있다. 그리고 이는 자신의 강점을 활용하여 긍정적인 경험과 원하는 결과를 만들어내는 과정의 중요성을 다시 한번 강조한다. 내 배우자는 이처럼 자신이 가진 강점을 자기 일과 삶에 접목함으로써 성공만큼이나 재미와 즐거움을 가져다주는 일에 전략적으로 집중하고 있다.

기법 3: 자신에게 기쁨을 주는 일을 파악한다

자신에게 매일 기쁨을 주는 것은 무엇인가? 좋아하는 일을 꾸준히 할 기회가 없는 사람은 *직업적 웰빙이 높은 수준으로 유지될 확률이 높지 않다. 실제로 자신이 즐기는 일이 현재 직업과 반드시 일치하지 않을 수도 있다. 나는 직장에서 동료들과 현재 담당하는 프로젝트나 개인적인 일상을 이야기하는 시간을 항상 즐긴다. 점심시간이나 출퇴근 시간에 친구 또는 가족과 나누는 대화가 독자 여러분에게 일상에서 즐거움을 주는 시간이 될 수 있다. 심지어 그런 여유 시간을 뭔가 새로운 것을 배우거나 좋은 책을 읽으면서 보내는 것도 의미가 있다. 직장에서 직접 사용하는 구체적인 기술이든, 아니면 쉬는 시간이나 업무에서 벗어난 때에 하는 일이든 상관없이 하루 중에 즐기는 일은 모두 자신의 강점을 발견하는 데 도움이 될 것이다. 이러한 활동은 결국 관계 형성, 협업, 창조, 봉사, 배려, 학습 등 더 넓은 의미의 강점으로 귀결될 수 있으며, 이것들은 모두 직장에서 하는 업무에도 충분히 적용될 수 있다. 톰 래스는 직업적 웰빙 수준이 높은 사람들이 인생 전반에서 성공할 가능성이 두 배 이상 크다고 강조한다. 그리고 직업적 웰빙 수준이 높은 이들은 매일 아침 그날 할 일에 대한 기대감과 함께 눈뜨며, 자신의 강점과 흥미를 살리는 일을

• 직업적 웰빙: 자신이 하는 일에 대한 긍정적인 감정과 그 일에서 얻는 만족감

할 수 있다고 그 이유를 설명한다.

나만의 강점 세 가지
1. _____
2. _____
3. _____

　내가 위에서 소개한 여러 기법을 활용해 도출한 세 가지 단어는 영감, 창조, 그리고 혁신이었다. (이미 눈치챘을 수도 있지만, 앞서 언급한 강점 진단 결과의 영향을 어느 정도 받은 것도 사실이다.) 내게 이 세 단어는 일과 삶 모두에서 북극성이자 주된 에너지원이 되었다. 돌이켜 보자면, 강점과 일치하지 않는 삶을 살았던 시절의 나는 건강부터 동기부여, 인간관계, 경력까지 모든 측면에서 타격을 입었던 것이 분명하다.

　예를 들어, 내 관심을 끌고 내 강점에 부합하는 일을 하는 것이 왜 중요한지 깨닫기 전까지 내 경력은 갈팡질팡했다. 나는 대학에서 회계학을 전공한 뒤 대형 은행에 들어가서 주요 부서 다섯 곳의 사업계획과 예산 업무를 담당했다. 고객과 대화를 나누고 다른 사람을 돕는 일은 정말 좋았지만, 정작 담당 업무에서는 즐거움을 느끼지 못했으며 직장에서 행복하지 않고 업무에 몰입하지 못하는 이유를 알지 못해 힘들었다. 지금 생각해 보면 당시에 나는 '시커' 모드에 있었다. 내가 가진 강점과 열정 가운데 한 가지만 충족되고 있었기 때문이다. 바로 다른 사람들에게 영감을 주는 것 말이다. 하지만 창의력을 발휘하거나 혁신할 기회는 거의 없었다. 결국 나는 은행을 떠나 나머지 두 가지 강점을 더 많이 활용할 수 있는 대형 컨설팅 회사에 합류했다.

그러나 이번에도 문제는 있었다. 이 정신없이 돌아가는 컨설팅 세상 속에서 내가 '워리어' 모드로 작동했던 것이다. 내 정신적 근육은 주 60시간의 근무가 나를 심각한 번아웃, 불안, 우울, 그리고 육체적 고통의 길로 데려가고 있다는 사실을 깨달을 정도로 튼튼하지 않았다. 나는 컨설턴트라는 일 그리고 함께 일하는 사람들을 좋아했기에 무작정 앞으로 나아갔지만, 결국 에너지가 바닥나며 '서바이버' 모드로 추락하고 말았다. 그리고 그때가 돼서야 비로소 내가 느낀 감정과 내가 하던 일을 더는 좋아하지 않는다는 현실과 마주했다.

그렇게 컨설팅 업계를 떠난 나는 내 사업을 시작했다. 당시 내 아이들은 채소를 먹으려 하지 않았고, 그 시절에는 형형색색의 채소를 아이들 음식에 몰래 넣는 것이 대유행이었다. 그래서 나는 시누이와 함께 냉동야채 퓌레를 만드는 회사인 힙합 퓌레 Hip Hop Puree를 만들었다. 그렇게 내 강점을 활용하여 목적에 부합한 일을 꽤 잘 해내고 있었기에 한동안 나는 '에너자이저' 모드를 유지했다. 그런데 사업을 확장하고 상당한 규모의 자본을 투자할 시점이 되자 나는 마침내 스스로를 되돌아보기 시작했다. 그때까지도 나는 마음 저 깊은 곳에서부터 내가 이 일에 진심으로 몰입하지 못한다는 것을 전혀 자각하지 못하고 있었다. 어쩌면 나는 '시커' 모드와 '워리어' 모드를 오갔을 뿐, 진정한 '에너자이저' 모드에는 거의 머물지 못했던 것이다. 그리고 이 사실을 깨달았을 때 큰 충격을 받았던 기억이 선명하다.

신제품, 새로운 고객층 등 항상 무언가를 '창조'하고, 힙합 퓌레 덕분이라며 감사 인사를 전하는 엄마들을 보면 알 수 있듯 늘 사람들에게 '영감'을 주는데, 어떻게 '에너자이저' 모드가 아닐 수 있을까? 많은 시간을 고민하던 나는 결국 답을 찾았다. 대부분의 시간을 '워리어' 모드로 보내면서 나는 사업을 확장하느라 앞만 보고 달리고 있었지만, 사실 내 뇌는 사고 기능을 멈춘 '브레인 오프' 상태였다. 휴식을 취하고 나 자신을 돌보며 내면 깊은 곳을 들여다보자 나는 다시 '브레인 온!' 모드로 돌아왔고 (즉 '시커' 모드로 이동) 그제야 퍼즐이 맞춰졌다. 내가 요리를 정말 싫어한다는 것이었다. 사람들에게 도움이 되는 새롭고 혁신적인 제품을 만들 수 있다는 생각에 너무 설레고 의욕이 넘치다 보니, 내가 거의 온종일 퓌레를 만들게 될 것이라고는 꿈에도 몰랐다. 결국, 요리는 내게 전혀 에너지를 주지 못하는 일이었다!

내 이야기는 자신의 강점과 목적에 맞춰 나아가는 것이 얼마나 강력한 힘을 발휘하는지 보여주는 사례라 할 수 있다. 하지만 항상 자신을 돌아보고 정신적 근육을 강화하지 않으면 언제든 잘못된 길을 내달릴 수 있다는 것도 반드시 기억해야 한다.

내 경험을 공유함으로써 독자 여러분에게 전하고 싶은 두 가지 교훈은 다음과 같다.

* 자신이 무엇을 좋아하고, 어떤 것에 흥미를 느끼며, 자신의

재능과 재주가 무엇인지 가능한 한 명확하고 구체적으로 파악해야 한다. 그래야 자신에게 가장 적합한 일에 집중할 수 있는 법이다.
* 자신을 돌아보는 일을 몇 년, 몇 달은 물론이고 단 며칠이라도 미루면 안 된다. 삶의 방향을 바로잡을 수 있도록 하루 중에 수시로 잠시 멈춰 자신을 돌아본다면, 독자 여러분은 인생을 획기적으로 개선할 수 있다.

이 이야기는 내가 오랜 시간에 걸쳐 경험한 험난한 과정을 통해 얻은 교훈이다. 이 경험은 내가 매일 자신을 점검하고 돌아보며, 매 순간 가능한 한 자주 나만의 현실을 주도적으로 구성하는 계기가 되었다.

자신의 강점을 감정적·사회적으로 *사보타주하고 있는지 인식하자

앞서 2장에서 논의한 내적 및 외적 장애물(또는 도전)의 개념을 기억하는가? 2장에서는 직장에서 보내는 하루 또는 일주일의 맥락에서 이 장애물들을 살펴보았다. 이번 장에서는 직장에서

▲ 사보타주sabotage: 프랑스어에서 유래된 용어로, 의도적으로 상대방의 업무나 계획을 방해하기 위해 벌이는 행위

감정적으로나 사회적으로 자신을 사보타주sabotage, 즉 방해하는 몇 가지 방식을 소개하고자 한다. 이처럼 사보타주하는 존재, 즉 우리 머릿속에서 들리는 목소리는 끝없이 반복되는 부정적인 생각, 감정, 또는 행동으로, 자신의 강점을 활용하고 기여를 극대화하는 능력을 심각하게 저해할 수 있다.

감정적 사보타주

우리 마음속에서 끊임없이 이어지는 대본과 대화는 '브레인 온!' 상태에 도달하는 능력에 지장을 줄 수 있다. '자기 자신에게 들려주는 이야기'라는 표현을 들어본 적 있을 것이다. 이는 인간에게는 자기 뇌가 들려주는 내용을 바탕으로 자신만의 현실을 창조하는 능력이 있다는 의미다. 그러나 이와 같은 이야기는 자존감이나 자신감에 부정적인 영향을 미치는 경우가 많으며, 자신의 강점과 능력을 떠올리고 활용하지 못하게 한다.

사람들이 자신에게 들려주는 이야기에서 등장하는 캐릭터 중 하나로 '의심하는 자The Doubter'가 있다. 나는 이 용어를 마르시아 위더Marcia Wieder의 저서 《드림: 원하는 것을 명확하게 하고 창조하라Dream: Clarify and Create What You Want》에서 처음 접했다. 위더는 의미 연구소Meaning Institute의 설립자로서 사람들에게 충만한 인생을 설계하고 살아가는 방법을 가르친다. 의심하는 자는 우리의 발목을 잡기만 하는 갖가지 걱정과 문제를 항상 늘어놓는 우리 내면의 인물이다. 이 내면의 인물은 우리 자신에 대한 믿음을 제한하는 데 아주 능하다. 위더가 지적한 바에 따르면, 의심하는 자를 무시하면 무시할수록 그자가 내는 목소리는 점점 더 커져서 결국 우리의 현실을 장악하고 우리가 가진 목표와 꿈은 묻히게 된다.

위더는 이 '의심하는 자'의 목소리는 "그건 좋은 생각이 아닌 것 같아"와 같은 이야기를 하는 경우가 많다고 설명한다. 심지어 "정신이 나간 거야?"처럼 과감하게 말하기도 한다. (소리를 낮추기 전까지) 의심하는 자의 이야기에 귀를 기울여야 하는 유일한 이유는 그 목소리가 거의 모든 사람의 일과 삶을 지독하게 방해하는 제한적 신념limiting belief을 파악하는 데 도움이 되기 때문이다. 독자 여러분은 친구가 이렇게 말하는 것을 들어본 적 있는가? "회사에서 새로 생긴 자리(또는 새로 시작하는 프로젝트)에 지원하고 싶기는 한데, 지금 상사가 내가 그 일에 적합하다고 생각할지 모르겠어. 그렇다고 해도 추천해 주지도 않을 것 같고." 이처럼 자기 파괴적인 생각을 가진 친구에게는 어이없는 소리 하지 말고 정신 차리라고 말하고 싶지 않은가? 우리는 그 친구가 충분히 자격이 있다는 것을 알고 있는데, 왜 본인은 그 사실을 인식하지 못할까?

의심하는 자의 목소리는 보통 이런 식이다. "전에 시도해 봤는데 잘 안되더라고. 다시는 할 생각이 없어." 혹은 "이번에도 승진에서 밀렸어. 내가 그럴 만큼 능력이 안되나 봐." 이러한 제한적 신념은 부정적이고 비현실적인 사고에 사로잡혀서 자신의 강점을 스스로 사보타주하고 있다는 점에서 뇌가 '브레인 오프' 모드로 작동하고 있다는 신호다.

브레인체크 제한적 신념은 파악하기 어렵다는 점에서 문제가 된다. 마치 머릿속에서 들리는 백색소음처럼 우리가 가진 자신감은 물론 꿈과 열망이 내는 소리까지 지워버린다. 이제 잠시 자리에 앉아 지난 하루나 일주일 동안 독자 여러분이 자신에게 말한 제한적 신념을 적어보자. 아마 다음과 같은 내용일 것이다.

- 아무리 열심히 노력해도 절대 성공하지 못할 거야.
- 지금 뭔가 새로운 걸 하기에는 너무 늦었어.
- 나는 너무 나이가 많잖아.
- 너무 바빠.
- 나는 그럴 자격이 없어.
- 이건 도저히 받아들일 수 없어.
- 선택의 여지가 없어.

제한적 신념

_____

_____

_____

이제 작성한 내용을 다시 읽으면서 자신이 자주 말하는 경향이 있거나 몸이 가장 강하게 반응하는 문장에 동그라미를 쳐보자. 그리고 이러한 신념이 아무런 도움이 되지 않으며, 오히려 큰 대가를 치르게 한다는 것을 자기 뇌에 일깨워 주기를 바란다. 이제는 생각하고 현명하게 행동하는 모드로 전환할 시간이라고 뇌에 알려줘야 한다. 자신을 사로잡은 이 신념의 손아귀에서 벗어날 때다. 자, 처음에 쓴 제한적 신념을 긍정적인 표현으로 바꿔 새로운 문장으로 다시 작성해 보자.

제한적 신념, 새롭게 쓰기

_____

사회적 사보타주

우리는 대부분 하루 중에 다른 사람들과 함께 일하거나 소통한다. 그러므로 불쾌하거나 불건전한 사회적 상호작용이 자신의 뇌를 '오프라인' 상태로 만들고 에너지를 고갈시키는 상황을 인식하는 것이 매우 중요하다. 사회적 사보타주를 유발하는 요인은 자신의 강점을 극대화하고 온종일 '에너자이저' 상태를 유지하는 데 필요한 에너지를 얻지 못하게 할 수 있다. 이러한 사회적 장애물을 맞닥뜨리면 갑자기 전원이 차단된 것 같은 느낌을 받게 된다. 그리고 상황에 따라서는 자신감 저하, 자존감 상실, 인정받지 못하는 느낌 등 부정적 감정의 소용돌이에 휘말릴 수 있다.

예를 들어, 피어 프레서peer pressure, 즉 또래 집단으로부터 받는 사회적 압력은 우리 뇌를 '오프라인' 상태로 전환하고 일과 중에 자신의 강점을 사용하지 못하도록 하는 부정적 영향 요인이다. 관심 없는 프로젝트에 참여하고, 모든 요청이나 부탁에 '예스'라고 답하며, 직장 내 소문을 진짜라고 믿는 것은 뇌를 '오프라인' 상태로 만들 수 있는 사회적 사보타주의 대표적인 예다. 우리는 하루 중 상당히 많은 시간을 직장에서 사람들과 교류하며 보내기 때문에, 인간의 뇌 속 *위협-보상 시스템threat-and-response system 이 직장에서 일어나는 사회적 상호작용에 어떠한 영향을 미치는지 이해하는 것이 중요하다. 다시 한번 강조하자면, 인간은 위협이라고 느끼는 모든 것에서는 도망치는 반면 보상이라고 인식하는 모든 것에는 다가간다.

앞서 1장에서 소개한 책《일하는 뇌》의 저자이자 뉴로리더십 연구소NeuroLeadership Institute의 설립자인 데이비드 록은 사회적 위협 및 보상의 다섯 가지 영역을 식별하는 모델로 SCARF를 개발했다. 이 '사회적 위협'은 실제 신체적 위협과 마찬가지로 인간의 생존 본능을 활성화할 수 있다. 직장에서 다른 사람들이 티라노사우루스나 호랑이로 변신하면 우리 사고의 뇌는 쉽사리 '오프' 상태로 전환하고 감정의 뇌는 '온' 상태가 된다. 앞서 배운 것처럼, 뇌가 '오프라인' 상태가 되면 강점을 활용하는 일상에 연료를 공급하는 에너지에 대한 접근도 마찬가지로 차단된다. 그래서 나는 우리가 각자 자신의 SCARF를 파악하고 평가하는 것이 중요하다고 생각한다. 실제로 나는 매일 사람을 상대하며 일하다 보니, 사회적 상황에서 내 뇌가 오프라인 상태가 되는 이유를 이해하고자 SCARF 모델을 매일 최소 세 번에서 다섯 번 정도 활용한다. SCARF 모델은 온라인이든 대면이든 모든 사회적 상황에서 우리가 드러내는 강한 감정 반응과 이를 종종 통제하기

• 위협-보상 시스템threat-and-response system : 위협 반응 및 보상 추구 시스템으로 불리며, 주어진 환경에서 뇌가 위협과 보상을 처리하는 방법을 가리킴

어려운 이유를 설명한다. 또한 자기 자신을 왜 의심하기 시작하는지, 그리고 제한적 신념이 어떻게 즉시 자신의 재능과 강점을 차단하고 활용하지 못하게 하는지를 이해하는 데도 도움이 된다. 직장에서 경험하는 이 모든 상황은 문자 그대로 우리 뇌의 본능이 작용한 결과다. 따라서 이 본능적 반응을 언제 바꿔야 하는지 인식해야만 '브레인 온!' 모드로 돌아가서 지기만의 강점과 능력에 맞춰 일할 수 있다.

이 SCARF 모델은 지위status와 확실성certainty, 자율성autonomy, 관계성relatedness, 공정성fairness이라는 다섯 가지 영역을 둘러싼 위협과 보상을 기반으로 한다.

지위status는 타인과 비교한 상대적 중요성, 즉 주변 사람들과 비교한 자기 위치에 대한 인식이다. 예를 들어, 현재 담당하는 프로젝트와 관련 있는 회의에 참석하라고 연락받지 못했거나 팀 내 다른 구성원은 받은 이메일을 자신만 받지 못했을 때, 뇌는 이를 지위에 대한 위협으로 인식하고 즉시 '브레인 오프' 모드로 전환될 수 있다. 그리고 결과적으로 자신의 가치와 능력, 팀이나 조직에 대한 기여도에 의문을 품게 될 수 있다.

확실성Certainty은 모호한 상태나 상황을 제거하는 것과 관련된 영역이다. 인간의 생존을 위해 가까운 미래를 정확하게 예측하려고 노력하는 패턴 인식 장치인 우리 뇌가 가장 간절히 원하는 것이 바로 확실성이다. 따라서 우리 뇌에는 낯선 대상을 이해하고 싶은 본능적인 욕구가 있다. 하지만 오늘날과 같은 현대 사회에서는 확실성을 찾기 힘들다. 게다가 직장에서는 사소한 일이 불확실성을 불러일으킬 수 있다. 상사의 기대 수준이나 업무상 요구 사항부터 마감 기한은 물론이고, 회의에서 상대가 얼굴을 찌푸린 이유가 자신이 한 말이나 행동 때문인지 고민하는 것에 이르기까지 불확실성은 직장 생활 도처에 존재한다. 결과적으로 우리 뇌의 위협 시스템은 항상 경계 상태에 있으며, 이는 불확실성 때문인 경우가 많다. 만약 이 시스템의 스위치가 '브레인 오프' 모드로 전환되면, 문제를 해결하고 통제할 수 있는 일에 집중하는 데 도움이 되는 자신만의 강점에 접근할 수 없게 된다.

자율성Autonomy은 주변 환경을 통제하고 있다는 인식이자 자신이 잘하는 일에 집중할 선택권과 기회가 있다는 느낌이다. 반대로 결과에 영향을 미칠 수 없다고 인식하는 순간, 위협 센서가 작동하고 이는 투쟁-도피 반응을 유발한다.

관계성Relatedness은 특정한 사회 집단에 자신이 '속해있는지' 아니면 '배제되었는지'를 판단하는 것이다. 사람들은 본능적으로 공동체를 형성하고 직장에서는 소속감을 느끼고 싶어 한다. 자신이 맡은 역할로 인해 고립감을 느끼거나 고객에게 보내는 중요한 이메일, 프로젝트, 회의 등에서 배제되면 뇌의 위협 반응이 활성화된다. 이와 같은 위협 반응의 대표적인 예가 조직의 핵심 '인싸' 그룹으로 복귀해야 하며 그러려면 고위 임원과도 좋은 관계를 유지해야 한다는 피어 프레셔다. 이처럼 관계 회복에 대한 부담감을 느끼다 보면 처리할 시간적 여유가 부족하고 자신의 핵심 강점이나 관심사와도 맞지 않는 프로젝트나 요청을 수락할지도 모른다.

공정성Fairness이란 비슷한 또래 집단과 비교할 때 자신이 일관성 있게 대우받고 있다고 느끼는 것이다. 이는 직장에서 임금 차별이나 성평등, 사회적 정의와 같은 거시적 문제를 넘어서는 개념이다. 뇌가 위험을 감지하고 뭔가 공정하지 않다는 위협 요인으로 인식하는 직장 내 상호작용을 독자 여러분이 인식하기를 바란다. 왜 내가 아니라 저 사람이 회의에 초대받았지? 왜 다른 사람이 아니라 내가 그 일을 담당해야 할까? 회의 시간에 저 사람이 한 일은 긍정적으로 평가받았는데, 왜 내가 담당하고 있는 큰 프로젝트에 대해서는 아무 말이 없을까? 우리는 이와 같은 위협 반응이 미묘하면서도 에너지를 갉아먹는 사보타주 요인으로 작용하여 하루에도 여러 차례 현명한 사고의 뇌를 조용히 '오프' 상태로 전환한다는 것을 알 수 있다.

직장에서 업무 몰입도가 높은 직원은 SCARF 모델의 모든 영역에서 높은 수준의 긍정적 보상을 경험한다. 그에 반해 적극성이 떨어지는 직원은 해당 영역에서 높은 수준의 위협을 경험하며, 개인별로는 여러 유형의 위협 가운데 상대적으로 더 지배적인 위협이 존재하는 경향이 있다.

내 경우에는 확실성의 부재, 즉 '불확실성'이 SCARF 모델에서 가장 큰 위협 요인이다. 내가 직장에서 자극이나 스트레스를 받는 주된 이유는 내가 주도하거나 참여해야 하는 일을 제대로 이해하기 어렵기 때문이다. 이때 다시 '브레인 온!' 상태가 되기 위해 나는 '스포는 아니지만, 결국엔 다 잘될 거야'라고 나 자신에게 말하는 습관을 들였다. 항상 불확실성에 익숙해지는 연습을 하는 것이다. 실제로 나는 이 말을 잊지 않기 위해 액자로 만든 다음 내 사무실 벽에 걸어 두었다.

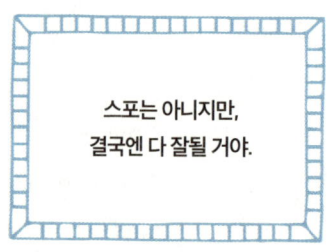

내게 두 번째로 큰 SCARF 위협 요인은 '자율성'이다. 영감과 창조, 혁신이라는 목적과 클리프턴 강점 진단을 통해 파악한 미래지향적 사고를 바탕으로, 나는 창의력을 발휘하고 새로운 아이디어를 개발하는 데 집중하려면 자율성이 꼭 필요하다는 것을 깨달았다. 온종일 진행되는 필수 교육에 참석해야 하거나 매일 사무실 안에서만 일하는 것처럼 자율성이 위협받고 있다고 느끼는 순간 내 뇌는 작동을 멈추고 '브레인 오프' 상태가 된다. 이는 단지 내 뇌가 그렇게 설정되어 있다 보니 나타나는 현상이다. 그래서 이처럼 자율성이 제한되는 상황에 놓이게 되면 나는 정신적 웰빙 훈련을 통해 '브레인 온!' 상태를 유지하려 노력한다. (정신적 웰빙을 위한 훈련과 연습에 대해서는 2부에서 깊이 있게 다룰 예정이다.) 직장에서 내가 가진 강점을 최대한 활용하기 위해 '에너자이저' 상태를 유지하는 데 자율성은 중요한 요건이자 동기부여 요소라는 사실을 잘 알고 있기 때문이다.

> **브레인 체크** 어제 하루나 지난 일주일을 돌아보자. 이제 SCARF 모델을 활용해 어떤 상황이 위협 반응이나 보상 반응을 유발했는지 생각해 보자. SCARF 모델에서 상대적으로 더 지배적인 두 가지 영역은 무엇인가?

1부의 하이라이트 장면

지금까지 1부에서 우리는 뇌가 어떻게 작동하는지, 그리고 그 지식을 어떻게 활용하면 '브레인 온!' 상태를 유지할 수 있는지에 대해 상당히 많은 내용을 배웠다. 다음은 1부에서 다룬 이야기에서 가장 중요한 하이라이트 장면이다.

- 인간의 뇌는 태초부터 단 한 차례도 '업그레이드'된 적이 없다. 그러다 보니 수십만 년 전에 대지를 활보하던 인류 조상의 뇌와 여전히 거의 같은 방식으로 작동하고 있다. 즉, 동굴에서 생활하던 선조들처럼 우리 뇌는 기본적으로 인간의 '행복'보다는 '안전'을 지키도록 설계된 것이다.
- 인간의 뇌는 항상 '보상일까, 아니면 위협일까?'라고 생각

한다. 즉, 우리 뇌의 기본적인 조직 체계는 모든 입력 정보나 자극을 위협이나 보상 가운데 하나로 분류한다. 이는 인간의 뇌가 기본적으로 모든 존재나 상황을 1) 해를 끼치거나 심지어 생명을 위협할 가능성이 있는 것, 또는 2) 악의 없고 안전한 상호작용 중 하나로 간주한다는 뜻이다.

* 뇌의 편도체는 우리가 실수를 저지르도록 유도하는 존재다. 인간의 전전두엽 피질은 뇌의 감정 중추, 특히 편도체와 늘 경쟁 상태에 있다. 이 편도체는 우리 뇌에서 감정 반응을 유발하는 부분이다. 오늘날처럼 복잡한 세상에서는 편도체가 과잉 경계 상태를 유지하면서 온종일 투쟁-도피-경직 반응을 끊임없이 반복하기 마련이다. 그러다 보면 결국 우리는 에너지가 고갈되어 예민하고 불행한 상태가 된다.

* 우리 뇌의 편도체는 늘 장애물을 탐색하고 포착한 장애물에 반응한다. 그래서 우리는 온갖 종류의 감정적이고 심리적인 장애물과 방해 요인에 쉽게 휘둘리게 된다. 그리고 이러한 장애물이나 방해 요인을 처리하는 데 하루의 반 이상을 쓸 수 있다.

* 우리가 할 일은 뇌가 내적 및 외적 장애물을 관리할 수 있도록 돕는 것이다. 따라서 위협이 존재하거나 경보 시스템이 작동할 때 뇌가 이를 인지하고, 뇌에서 더 현명한 사고 영역이 '온' 상태로 활성화되어 더 건강한 반응을 보일 수 있도록 각자 자신의 뇌를 훈련해야 한다. 이때 내적 장애물을 먼저 관리하면 외적 장애물까지 성공적으로 관리할 수

있다.
- 우리 몸은 뇌를 작동시키기 위해 많은 에너지를 사용한다. 문제는 에너지 대부분이 부정적인 생각이나 두려움 기반의 반응에 낭비된다는 것이다. 특히 기본적으로 생존 모드에 기반한 투쟁-도피-경직 반응에 대부분의 에너지가 낭비된다.
- '에너자이저' 모드를 유지하기 위해 최선을 다해야 한다. 이 모드에서는 '브레인 온!' 상태를 유지하며 최고 수준의 에너지와 집중력을 느낄 수 있다. 더 많은 일을 해내고, 일상에서 더 많은 의미를 찾을 수 있다. 또한 소속감과 유대감을 느끼고, 달성하고자 하는 목표에 더 많은 시간을 쏟을 수도 있다.

이제 1부를 마무리할 시점이다. 1부를 통해 인간의 뇌가 작동하는 방식은 물론이고 자기 자신이 직장에서 이루는 행복과

성공을 주도할 수 있는 이유를 이해하고 통찰력을 얻었기를 바란다. 이제 2부로 넘어가서 내가 준비한 〈나를 위한 '브레인 온!' 가이드북〉을 살펴볼 차례다. 2부에서 독자 여러분은 직장에서 에너지가 충만한 상태를 유지하고 최고의 성과를 내기 위한 뇌 훈련을 시작하는 최고의 멘탈 피트니스 기법과 웰빙 팁을 배우게 될 것이다. 페이지를 넘기고 지금부터 시작해 보자.

2부

나를 위한 '브레인 온!' 가이드북

이 책에서 이야기를 시작하면서 내가 독자 여러분의 멘탈 피트니스 트레이너라고 소개한 것을 기억할 것이다. 실제로 나는 독자 여러분이 직장에서 더 나은 정신 건강을 유지하는 데 도움이 되려는 내 일에 사명감을 가지고 있다. 사실 지금까지 우리는 멘탈 피트니스에 집중해야 한다고 교육받은 적이 없으며, 이는 내가 이 책을 집필하게 된 이유 중 하나다. 정신 건강의 수준이 높아지면 '에너자이저' 모드에 도달할 수 있으며, 이는 우리가 직장에서 더 높은 수준의 직업적 웰빙을 달성하고, 자신의 목표를 이루는 데 있어 핵심적인 요소가 된다. 그렇다면 멘탈 피트니스가 이토록 중요한 이유는 무엇일까? 오늘날 많은 기업과 조직에서는 개인의 성공이란 목표 달성 여부에 따라 '기대 수준을 충족하거나 초과 달성하는 것'이라고 정의한다. 하지만 직업적 웰빙과 '에너자이저' 모드의 핵심은 '무엇'을 달성했는가뿐 아니라 '어떻게' 달성했는가에도 달려있다. 그리고 이 지점이 바로 '브레인 온!'이 만드는 차이다. 목표를 달성하기 위해 항상 스트레스를 받고 있는가? 해당 목표와 관련된 기술이나 업무가 마음에 들었는가? 그 일을 할 때마다 에너지가 충전되는 느낌을 받았는가? 무언가 새로운 것을 즐겁게 배웠는가?

이제는 어떤 조직의 목표 설정 방식을 '목표가 얼마나 많은 에너지를 주는가?'에 기반한 방식으로 업그레이드해야 한다. 이에 이 책의 2부에서는 내가 멘탈 피트니스 트레이너로서 역량을 발휘해, 독자 여러분이 새로운 방식으로 목표를 설정하고 이를 긍정적이고 에너지를 지속시킬 수 있으며 정신적으로 건강한 방법으로 달성할 수 있도록 도울 예정이다. 그러면 전문가용 운동화를 신고 머리에는 멋진 '브레인 온!' 로고가 새겨진 야구모자를 눌러쓴 채 손에는 두꺼운 클립보드를 들고 있는 내 모습을 상상해 보자. 지금부터 독자 여러분은 나와 함께 멘탈 피트니스 준비 운동 방법은 물론이고 매일 직장이라는 경기장에서 자신의 뇌를 '에너자이저' 모드로 유지하는 실천 전략을 배우게 될 것이다.

〈나를 위한 '브레인 온!' 가이드북〉은 독자 여러분이 직장에서 매일 실천할 수 있는 새롭고 간편한 업무 관리 접근방법이다. 이 가이드북으로 독자 여러분의 사고의 뇌는 운전대를 잡고 하루를 망칠 수 있는 과속 방지턱과 움푹 파인 구멍을 피하면서 목표를 달성할 수 있다. 또한 매 순간 더 나은 선택을 통해 '에너자이저' 상태에 도달하고 이를 유지하는 법도 배우게 될 것이다. 마치 현실 세계의 스포츠 경기처럼, 결국 성공과 실패를 정하는 것은 순간의 선택, 판단, 그리고 결정인 경우가 많다.

준비를 마쳤는가?
그렇다면, 이제 시작해 보자!

5장

내 에너지를 어디에 집중해야 할까?

강점 기반의 새로운 업무 목표

만약 독자 여러분이 헬스장에서 피트니스 트레이너와 함께 운동하고 있다면, 두 사람은 지구력 향상이나 체중 감량, 근력 강화, 유연성 향상처럼 구체적인 목표에 동의할 것이다. 건강상의 이유로 체중을 줄이고 싶거나, 야외 활동을 더 활발하게 하려고 지구력을 높이고 싶을 수도 있다. 혹은 운동할 때 근육통을 예방하기 위해 근력을 강화하고 싶거나, 온종일 책상에 앉아 일하는 시간을 만회하고자 유연성을 높이고 싶을지도 모른다.

이처럼 어떤 종류의 신체 훈련이든 상당한 시간 동안 매일 꾸준히 운동해야만 그 목표를 달성할 수 있다. 단 며칠 사이에 탄탄한 팔 근육을 만들거나 몸무게를 10킬로그램이나 줄일 수는 없는 법이다. 프로 철인3종경기 선수가 얼마나 훈련에 몰두하는지 생각해 보자. 이들의 장기적인 목표는 총 길이 226.205킬로미터에서 벌어지는 극한의 경쟁에 뛰어들어 우승하는 것이다. 이 목표를 달성하기 위해 선수들은 수영, 자전거 및 달리기라는 '직무'를 수행하는 과정에서 자신이 가진 핵심 강점을 극대화(어딘가 익숙한 표현이 아닌가?)하는 데 집중해야 한다. 그래서 이들이 보내는 여덟 시간짜리 '근무일'은 지구력 향상을 위한 구체적인 훈련 루틴으로 빈틈없이 구성된다. 철인3종경기 선수들은 기량을 최고로 끌어올리기 위해 이처럼 상당한 시간을 투자한다.

물론 철인3종경기에서 우승은 고사하고 다른 선수들과 경쟁하겠다는 목표를 가진 사람을 우리 주변에서 흔히 보기는 힘들 것이다. 하지만 직장에서 목표를 설정하고 이를 달성하기 위해 최상의 정신 상태를 유지하는 데도 똑같은 원칙이 적용된다. 멘탈 피트니스에서 가장 중요한 목표는 '에너자이저' 모드에 도달하고 그 상태를 유지하는 것이다. 그래야 직장에서 브레인 파워 수준을 높이고 동기가 부여되어 강점 기반의 목표를 달성할 수 있기 때문이다. 목표는 우리가 직장에서 보내는 하루를 안내하는 내비게이션과 같아서, 뇌가 원시적인 모드에서 계속 위협을 탐색하거나 끊임없이 주의가 산만해지는 대신 한층 진화된 모드에서 긍정적으로 집중력을 유지할 수 있도록 안내한다.

이 '목표'라는 단어가 때때로 뇌를 '오프라인' 상태로 만들 수 있다는 것을 잘 알고 있다. 과거에 달성하지 못한 목표에 대한 실망감이나 다른 사람이 정해준 목표에 대한 부정적인 감정을 불러일으킬 수 있기 때문이다. 이럴 때는 더 가치 중립적인 사전적 정의, 즉 '노력이 향하는 끝 지점'이라는 의미를 떠올려 보자. 결국 목표란 에너지를 어디에 집중할 것인지에 관한 문제로, 여기서 가장 중요한 단어는 바로 '집중'이다. 목표를 설정한다는 것은 자신이 원하는 것과 가고자 하는 방향에 에너지를 집중하도록 뇌를 훈련하는 가장 기본적인 멘탈 스킬, 즉 정신적 능력이다. 너무나 당연한 이야기가 아닐까? 시간은 매우 소중한 자원이다. 그러니 원하지도 않고 관심도 없는 일에 귀중한 뇌 에너지를 쏟을 이유가 과연 있을까?

목표는 겨우 두 글자짜리 단어지만, 맥락 없이 설정되거나 전혀 흥미를 유발하지 못하면 에베레스트산 정상에 등극하는 것만큼이나 막막하게 느껴질 수 있다. 헬스장에서 피트니스 트레이너가 지금 10킬로그램도 잘 들지 못하는 사람에게 한 달 안에 100킬로그램을 드는 목표를 제시하는 일은 결코 없을 것이다. 여기서 나는 '모 아니면 도' 식의 목표를 말하는 것이 아니다. 지금까지 소위 우등생으로 인생을 살아온 사람이라면 누구나 크고 어려우며 담대한 목표를 설정하라는 프로그램이 뇌에 설치되어 있다. 하지만 거대한 목표는 동기를 부여하기보다는 부담을 줄 수 있다. 날마다 꾸준히 그 목표에 다가가기가 너무 벅차게 느껴질 수 있기 때문이다. 물론 큰 꿈을 꾸는 것은 좋지만, 여기서 내가 말하는 '브레인 온' 방식으로 무언가 크게 성취하는 방법은 바로 작게 시작하는 것이다.

목표 설정 연습

언젠가 직장에서 무언가 성취했을 때 보람 있고 활력을 주며 진정한 기쁨을 가져다준 일을 떠올려 보자. 새로운 교육 프로그램을 개발했을 때였나? 조직에 새로 합류한 동료에게 멘토 역할을 했을 때였나? 혹은 까다로운 작업을 제시간에 마친 것은 물론이고 심지어 자신이나 상사가 기대했던 것보다 더 잘 마무리했을 때였나? 이처럼 과거의 좋은 기억을 돌아보는 연습을 하면 새로운 목표를 수립하는 데 매우 유용하다. 그 과정에서 뇌를 창의적으로 자극하고, 에너지를 끌어올리며, 다음번 목표 설정 때 반영할 수 있는 자신의 강점을 끌어낼 수 있기 때문이다.

자, 직접 연습해 볼 차례다. 과거에 자신이 성공하거나 성취한 경험을 몇 가지 적어보자. 이러한 경험을 어떻게 활용하면 앞으로도 동기를 부여하고 몰입할 수 있는 목표를 계속 수립할 수 있을까?

최근 직장에서 달성한 이후 에너지가 충전된 느낌을 받은 목표:

자기 목표를 알고 이를 실천하는 것이야말로 매일 스스로 동기가 부여되고 '에너자이저' 상태를 유지하는 비결이다. 여기

서 한 걸음 더 나아가, 만약 그 목표가 자신이 가진 강점과 일치한다면 더할 나위 없이 중요한 의미를 갖게 된다. 그러나 우리는 자신의 강점과 목표를 일치시키는 일이 중요하다고 배운 적이 없으며, 그렇게 할 시간을 갖지도 못했다.

이번 장과 여기서 제안하는 몇 가지 연습 과제는 독자 여러분이 직장에서 '에너자이저' 상태를 극대화하여 더 큰 만족, 즉 자신만의 특별한 능력으로 조직에 이바지했다는 느낌을 받을 수 있도록 설계되었다. 자신이 속한 조직의 목표, 표준 직무 기술서, 또는 성과 평가 체크리스트에만 의존해 목표를 설정하는 대신, 여기서는 기존의 틀을 뒤집어 독자 여러분 각자가 가진 강점을 반영한 맞춤형 업무 목표를 만들어낼 예정이다. 이처럼 자신의 강점을 파악하고 이를 목표에 적용하는 과정은 업무에 접근하는 새로운 방식이다. 결과적으로 이런 과정을 거쳐 목표는 각자가 타고난 재능에 부합하면서도 어느 정도 도전적으로 구성되며, 직장에서 더 큰 성취감과 즐거움으로 가득한 시간을 만들어낼 것이다.

그렇다면, 강점을 고려해 목표를 설정하는 것이 이처럼 중요한 이유는 무엇일까? 갤럽에 따르면, 목표가 '자신이 저지른 잘못된 행동, 갖지 못한 재능, 또는 달성하지 못한 성과를 자책하는 징벌적 성격을 갖는 경우가 너무 많기' 때문이다. '해야만 하는 목표'와 '성장을 위한 목표' 사이에는 큰 차이가 있다. 인간의 뇌는 의미 있고 더 나은 직장 생활을 만들 수 있는 목표보다는 단순히 과업에 기반한 목표를 설정하도록 길들여진 상태다. 이와 관련해 갤럽에서는 강점 기반의 목표를 설정함으로써 자신이 집중하고 싶거나 집중하도록 요청받은 업무 목표에 자신의 필요와 타고난 재능까지도 반영할 수 있으며, 이때 다음과 같은 질문에 초점을 맞춰야 한다고 강조한다.

- 자신에게 중요한 것은 무엇인가?
- 어떻게 성장하고 싶은가?
- 어떠한 변화를 기대하는가?
- 목표 달성을 위해 자신의 재능 중 무엇을 활용할 수 있는가?

단기 및 장기 목표 설정

먼저, 단기 목표와 장기 목표 목록을 만들어 보자. 이렇게 만든 목표는 직장뿐만 아니라 개인의 삶에서도 우리 자신을 안내하는 내비게이션 역할을 하므로 어떤 일을 하든 늘 마음속에서 가장 먼저 생각나야 한다. 이제 다음과 같은 결과로 이어질 수 있는 목표를 떠올려 보자.

- 에너지와 평온함, 희망, 기쁨을 느낀다.
- 하루가 끝날 무렵에도 배터리가 완전히 충전된 느낌을 받는다.
- 더 강한 유대감과 인간관계를 형성한다.
- 의미 있는 일을 해냈다고 확신한다.

- 스스로를 넘어서는 어떤 가치에 이바지한다.
- 존중받으며 인정받고 있다고 느낀다.

다음 두 가지 목록을 만들 때는 평소처럼 직장 상사나 팀의 리더와 함께 목표를 설정할 때 사용하는 방식을 그대로 활용하면 된다. 이때 단기 목표란 다음 달까지 달성해야 하는 목표인 데 반해 장기 목표는 기간이 1년 이상으로 길어질 수 있다고 생각해보자. 그리고 각 목표는 여러 가지 작은 목표가 모여 만들어질 수 있다는 점을 기억하기를 바란다. 여기서 목표를 작성하는 데 너무 깊이 생각하거나 너무 많은 시간을 들일 필요는 없으며, 무언가 거창한 비전을 제시할 필요도 없다. 그저 생각나는 대로 가능한 한 많이 써 내려가면 된다. 그런 다음에는 앞으로 몇 주 또는 몇 달 동안 '직장에서 시간을 어떻게 보내고 싶은가?'의 관점에서 가장 흥미롭고 기대감이 드는 목표를 몇 가지 선택하면 된다.

단기 목표:

장기 목표:

이제 위에서 작성한 단기 및 장기 목표를 최종 점검할 차례다. 의미가 있고, 달성할 수 있으며, 더 행복하고 건강하며 활력 넘치는 직장 생활로 이어질 수 있는 목표인지 확인하면 된다. 이러한 측면에서 목표는 다음과 같은 특징을 가지고 있어야 한다.

- **자신의 가치관에 부합해야 한다.** 목표는 자신에게 가장 중요한 것에 초점이 맞춰져야 한다.
- **명확하게 정의되어야 한다.** 목표를 달성하는 각 단계에 도달했을 때, 이를 명확하게 파악할 수 있어야 한다.
- **주인의식을 가질 수 있어야 한다.** 목표가 자기 것이 되려면, 자신이 진정으로 원하는 일에 최선을 다해야 한다.
- **현실적이면서 도전적이어야 한다.** 합리적인 시간 내에 달성할 수 있는 동시에 성장할 수 있을 정도로 도전적인 목표여야 한다.
- **긍정적으로 표현되어야 한다.** 달성했을 때 더 큰 성취감을 느낄 수 있도록 긍정적인 용어로 목표를 표현해야 한다.
- **SMART해야 한다.** 목표는 구체적Specific이고, 측정 가능Measurable하며, 달성 가능Achievable하고, 현실적Realistic이며, 기한이 정해져야Time-bound 한다.

목표를 설정하는 새로운 방법

다음으로는 지금까지 작성한 단기 및 장기 목표를 '브레인 온!' 방식으로 새롭게 살펴보는 순서가 남아있다. 이를 통해 우리는 자신의 강점을 목표에 반영함으로써 직장에서 타고난 재능을 최대한 발휘하고 에너지 넘치는 상태를 유지할 수 있게 된다.

그에 앞서 4장에서 강점 진단을 통해 세 단어로 정리한 자신만의 강점을 떠올려 보기를 바란다. 앞으로 일일, 주간 및 월간 목표를 수립할 때마다 이 세 가지 강점을 항상 중심에 두는 것이 매우 중요하다.

자신의 강점 세 가지를 다시 한번 적어보자:

가장 먼저 세 가지 강점을 추가하여 목표를 SMART-ER, 즉 '더' 똑똑하게 만들어 보자. 일부 *긍정 심리학자는 '더(ER)'에서 E에 평가Evaluation나 윤리Ethics의 의미가 있다고 보지만, 나는 여기서 E는 실행Execution을 가리킨다고 생각한다. 자신에게 건강한 결과를 가져오는 방식으로 목표를 추구하고 있는지가 더 똑똑한

· 긍정 심리학자: 인간의 번영과 웰빙, 행복에 초점을 맞춘 긍정 심리학 이론을 연구하고 적용하는 학자

목표를 결정한다고 보기 때문이다. 결국 성취의 '대상'만이 아니라 그 '방법'도 중요한 것이다.

밤새워 일하다 말고 몸에 해로운 과자나 음료를 마시며 버텨내다 결국은 극심한 불안과 스트레스에 시달리거나 건강을 해치면서까지 추구하는 업무 목표에는 아무런 의미가 없다. 그렇게 자신을 불태운다고 해서 최고의 성과를 낼 수 없다. 간단히 말해서 뇌가 바로 그 '에너자이저' 상태에 있지 않기 때문이다.

한편, '더(ER)'에서 R은 보상Reward을 가리킨다. 다만, 여기서 보상은 순전히 외부에서 제공되는 경제적 보상이 아니라 개인의 내면에서 일어나는 긍정적인 동기의 의미가 있다. 본질적으로 동기를 부여하고 보람을 안겨주는 목표를 설정하는 것이야말로 뇌가 '브레인 온!' 상태에서 높은 집중력을 유지하는 핵심 요인 중 하나이기 때문이다.

강점 기반의 목표 설정 연습

독자 여러분이 각자 앞에서 작성한 단기 및 장기 목표를 바탕으로, 여기서는 자신이 가진 강점을 반영하여 목표를 다시 작성하는 연습을 진행할 계획이다. 혹시 약 5분 정도 휴식을 취하고 싶다면 좋은 생각이라고 본다. 나는 독자 여러분이 '브레인 온!' 상태에서 이 연습에 참여하기를 바란다. 자, 이제부터는 내가 직접 작성한 사례를 단계별로 따라가며 보여줄 테니, 어떻게 이 연습을 진행하면 되는지 파악할 수 있을 것이다.

저자가 직접 작성한 강점 기반의 목표 작성 사례

먼저, 나는 앞으로 1년 동안 달성하고 싶은 목표로 기본적으로 다음 네 가지를 떠올렸다.

1. PEQ(내가 개발부터 판매와 구현을 거쳐 서비스까지 제공하는 상품)를 업그레이드하기 위한 요건과 사양을 개발한다.
2. 6월 1일까지 현재 집필 중인 도서의 원고 최종본을 출판사에 넘긴다.
3. 웰빙 및 몰입 솔루션 브랜드의 인지도를 높인다.
4. 웰빙 솔루션을 모든 신규 사업에 통합하기 위한 전략적 계획을 수립한다.

네 가지 목표를 검토한 후, 나는 다른 대부분의 사람과 마찬가지로 목표를 SMART하게, 즉 똑똑하게 만드는 방법을 배우고 훈련받았다. 그러고 나서 다시 살펴보니, 이상의 목표 가운데 1, 3, 4번에 SMART 요소 중 일부가 빠져 있었고 이를 바로잡을 수 있다는 사실을 알게 되었다. 아래 파란색으로 표시된 부분이 최초에 작성한 목표 1, 3, 4번을 SMART하게 업데이트한 것이다.

1. 10월 1일까지 PEQ(내가 개발부터 판매와 구현을 거쳐 서비스까지 제공하는 상품)를 업그레이드하기 위한 요건과 사양을 개

발한다.
2. 6월 1일까지 현재 집필 중인 도서의 원고 최종본을 출판사에 넘긴다.
3. 9월 1일까지 관련 업계의 전문지 두 곳에 기사 세 건을 게재해 웰빙 및 몰입 솔루션 브랜드의 인지도를 높인다.
4. 8월 1일까지 웰빙 솔루션을 모든 신규 사업에 통합하기 위한 전략적 계획을 수립한다.

하지만 지난 수년 동안 내가 발견한 사실은 여기서 멈추고 SMART한 목표만 활용한다면 매일 목표에 진정으로 집중하고 이를 달성하는 데 방해가 될 수 있다는 것이다. 지속적으로 집중력을 유지하고 활력을 얻으려면 (또한 번아웃되어 좌절하고 흥미를 잃다 결국 '브레인 오프' 상태가 되지 않으려면), 목표 달성에 자신이 가진 강점을 통합해야 한다. 그래서 나는 아래에 빨간색으로 표시한 부분처럼 SMART하게 업데이트한 문장에 내 강점을 반영했다. 이때 동사와 같이 어떤 행위를 설명하는 단어를 사용하는 것이 좋다. 강점이란 올바른 '행동'을 하도록 본질적으로 동기를 부여하는 데 도움이 되기 때문이다.

내 창의력을 활용하여…
내 미래지향적인 시각을 적용하여…
사람들 사이에서 관계를 구축하는 내 강점을 활용하여…

다음은 내가 가진 강점과 그 효과를 반영해 업데이트(빨간색으로 표시)한 네 가지 목표다.

1. 내가 가진 창의적 재능을 활용하여 10월 1일까지 PEQ(내가 개발부터 판매와 구현을 거쳐 서비스까지 제공하는 상품)를 경쟁사와 차별화할 수 있도록 업그레이드하기 위한 독창적인 요건과 사양을 개발할 것이다.
2. 내가 가진 프로젝트 관리 역량을 활용하여 6월 1일까지 현재 집필 중인 도서의 원고 최종본을 출판사에 넘길 것이다.
3. 내가 가진 혁신적이고 미래지향적인 강점을 적극적으로 활용하여 9월 1일까지 관련 업계의 전문지 두 곳에 기사 세 건을 게재해 웰빙 및 몰입 솔루션 브랜드의 인지도를 높일 것이다.
4. 내가 가진 네트워크 형성 및 아이디어 창출 능력을 적극적으로 활용하여 8월 1일까지 웰빙 솔루션을 모든 신규 사업에 통합하기 위한 전략적 계획을 수립할 것이다.

이제 자신만의 강점까지 추가한 만큼, 마지막 단계는 지금까지 업데이트한 강점 기반의 목표가 SMART-ER, 즉 '더' 똑똑해질 수 있도록 목표를 달성하는 방법도 반영하는 것이다. 이때 가장 건강하고 생산적이며 활력 넘치는 방식으로 목표를 달성할 수 있도록 각 목표에 자신이 담고 싶은 웰빙 속성과 특징을 포함하는 것이 바람직하다고 본다. 이러한 속성이나 특징은 독자 여러분이 상세한 목표에 몰입할 때 길을 잃지 않도록 안내하는 존재가 된다. 또한 목표에서 '어떤' 단계까지 도달하고 있는지뿐만 아니라 '어떻게' 도달하고 있는지도 평가할 수 있도록 한다. 주어진 기한 내에 탁월한 품질의 새로운 제품을 만드는 것은 물론 중요한 일이다. 하지만 그 과정에서 공황 발작이나 고혈압으로 병원에 실려 가거나 지나칠 정도로 일만 하다가 인간관계가 망가진다면, 나뿐만 아니라 어쩌면 독자 여러분에게 있어 그 목표는 진정 성공적으로 달성되었다고 보기 어려울 것이다.

이제 목표를 기술한 내용에 '~하는 동안', '그와 동시에', '이 기간에', '이 기간 내내', '늘' 등 다양한 수식어구를 추가하면 된다. 다음은 이러한 수식어구를 적용한 몇 가지 사례다.

- 하루에도 여러 차례 자신을 돌아보면서 '에너자이저' 및 '브레인 온!' 상태에 있는지 확인하는 동안
- 가족과 건강한 관계까지 유지하는 동안
- 저녁 시간이나 주말에는 업무에서 완벽히 분리된 상태를 유지하면서
- 스트레스를 받지 않고 설레는 기분을 느끼면서
- 힘들고 어려운 시기에도 프로젝트를 즐기면서
- 하루를 마칠 때면 진이 다 빠져 번아웃되지 않도록 스트레스 수준을 계속 관찰하는 동안
- 하루에 커피 한 잔만으로도 에너지 수준을 유지하는 건강

한 방법을 찾으면서
- 프로젝트가 진행 중일 때도 두 시간마다 꼭 휴식을 취하면서
- 주말에는 업무에서 완벽히 분리되어 재충전하고 에너지를 회복하면서
- 바쁜 시기에도 충분한 수면 시간을 확보하면서
- 가족 행사나 운동 경기, 학교 행사에 참석하면서
- 자신이 속한 팀 구성원과 탄탄하고 긍정적인 관계를 형성하면서
- 매일 산책을 비롯한 운동 루틴을 계획대로 지키면서
- 그 시기 동안 내 감정을 인식하고 조절하면서

다음은 내가 '더' 똑똑한 목표를 향한 SMART-ER 기준에 맞춰 업그레이드한 최종 목표 진술문으로, 내가 '무엇'을 달성할 것인지뿐 아니라 노란색으로 표시된 부분에서 보이듯이 '어떻게' 달성할 것인지까지 보여주고 있다.

1. 내가 가진 창의적 재능을 활용하여 10월 1일까지 PEQ(내가 개발부터 판매와 구현을 거쳐 서비스까지 제공하는 상품)를 경쟁사와 차별화할 수 있도록 업그레이드하기 위한 독창적인 요건과 사양을 개발하는 것과 동시에 협업과 공동체를 활성화하기 위해 가상 업무 환경을 조성할 것이다.
2. 내가 가진 프로젝트 관리 역량을 활용하여 6월 1일까지

현재 집필 중인 도서의 원고 최종본을 출판사에 넘기되, 집필하는 기간에도 '브레인 온!' 상태를 유지하고 즐겁게 작업하며 작은 성과도 축하할 것이다.

3. 내가 가진 혁신적이고 미래지향적인 강점을 적극적으로 활용하여 9월 1일까지 관련 업계의 전문지 두 곳에 기사 세 건을 게재해 웰빙 및 몰입 솔루션 브랜드의 인지도를 높이되, 해당 기간 내내 충분한 휴식 및 회복 시간을 지킬 것이다.

4. 내가 가진 네트워크 형성 및 아이디어 창출 능력을 적극적으로 활용하여 8월 1일까지 웰빙 솔루션을 모든 신규 사업에 통합하기 위한 전략적 계획을 수립할 것이다. 해당 계획에는 현실적인 기한, 우선순위에 따른 일정, 그리고 내 건강상의 목표를 반영하여 짧은 기간 내에 모든 일을 완수하려고 노력하다 번아웃되는 일이 없도록 할 것이다.

이제 독자 여러분이 직접 연습해볼 차례다. 이번 장의 앞부분에서 자신이 작성한 단기나 장기 목표를 바탕으로, '더' 똑똑한 SMART-ER 접근법을 활용하여 해당 목표를 달성하는 데 활용할 자신의 강점과 웰빙 속성을 통합하는 방식으로 목표를 다시 써보자.

독자 여러분의 '더' 똑똑한 SMART-ER 목표

SMART-ER 목표 1
_____
_____
_____

SMART-ER 목표 2
_____
_____
_____

뇌 트레이너가 전하는 '목표 달성' 비법

독자 여러분은 이제 강점 기반의 '더' 똑똑한 SMART-ER 목표를 설정함으로써 직장에서 '에너자이저' 모드로 하루를 보낼 수 있는 기반을 조성했다. 우리가 매일 만나는 장애물 코스를 통과하면서도 '에너자이저' 상태를 유지하는 전략을 다루기 전에, 여기서는 자신의 목표를 항상 중심에 두는 데 도움이 되는 다양한 아이디어 중에 내가 가장 좋아하고 실제로 효과가 검증된 비법을 몇 가지 소개하려고 한다.

비법 1: 목표는 일상생활 속 습관을 통해 이루어진다!

지금까지 독자 여러분은 목표를 깊이 생각하고 종이에 적어 보는 데 일정한 시간을 썼을 것이다. 이제 마음속에는 목적지, 다시 말해서 특정 날짜까지 달성하고 싶은 결과가 있다. 하지만 우선순위를 정하고 매일 실천하지 않는 목표는 그저 소망이나 희망일 뿐이다.

전 세계적으로 60개가 넘는 언어로 번역되어 2,000만 부 이상 판매된 베스트셀러 《아주 작은 습관의 힘》의 저자 제임스 클리어James Clear는 구체적인 프로세스나 시스템을 통해 목표를 지원하는 방법을 심도 있게 탐색한다. 이 책에서 저자는 목표는 결과인 데 반해 시스템은 그 결과로 이어지는 과정이라고 설명한다. 즉, '시스템'이란 원하는 결과에 점점 더 가까워지게 만드는 일상 속 수많은 작은 습관이 모여 만들어진 여정이라는 말이다. 동기를 부여하고 자기 계발로 이끄는 것은 바로 이 일상에서 실천하는 습관이다. 여기서 습관은 우리가 매일 반복해서 실천하는 행동으로, 체계적으로 목표를 달성하는 데 도움이 된다. 물론 며칠이나 몇 주 동안 에너지를 재충전한다고 해서 문제가 될 일은 없다. 그러나 목표 달성으로 이어지는 습관을 우선순위에 두지 않으면 많은 날이 지나가도 결국 목표를 달성하지 못할 가능성이 크고, 그 모든 시간이 어디로 가버렸는지 의아해질 것이다.

그렇다면 목표 달성으로 이어질 좋은 습관을 우선순위에 두는 일이 왜 그렇게 어려울까? 이 문제는 우리 뇌에서 신체를 안전하게 보호하기 위해 최대한 많은 에너지를 절약하도록 설계되어 마치 파충류의 뇌처럼 작동하는 부분과 관련이 있다. 어느 한 개인의 의지에만 기댄다고 해서 건강한 변화를 만들어낼 수 없는 이유가 바로 여기에 있다. 인간의 뇌는 항상 '브레인 오프' 상태에서 위협 기반의 반응을 보이는 것을 기본값으로 하기 때문이다. 따라서 지속 가능한 습관을 개발해야 한다. 그리고 이는 매일 계획을 수립하는 시간에서 시작된다.

비법 2: 명확한 계획과 함께 아침을 시작하자!

다시 한번 스포츠에 비유해서 이야기하자면, 어떤 팀도 경기를 치를 계획 없이 경기장에 나가지 않을 것이다. 그렇게 참가한 경기는 혼란으로 이어지고 결국 패배로 끝날 것이기 때문이다. 독자 여러분이 보내는 하루와 목표를 향한 여정도 마찬가지다. 명확한 계획 없이 내딛는 발걸음은 실패로 향하는 길로 들어서는 것이나 다름없다. 제임스 클리어가 지적하듯이 '어디선가 영감을 받아 동기가 부여될 때까지 기다리지 말고, 습관을 실천할 일정부터 수립해야 한다.' 이 말이 전하는 메시지는 명확하다. 동기란 행동에서 비롯되는 것이지 그 반대가 아니다.

이처럼 목표를 실행에 옮기기 위해서는 의미 있는 진전을 이룰 수 있는 일상적인 업무와 습관을 계획해야 한다. 먼저, 단기적이든 장기적이든 동시에 너무 많은 목표를 추구하지 않도록 유의해야 한다. 한 주간 하는 일을 전반적으로 살펴보자. 월요일부터 금요일까지 시간은 정해져 있다. 그러니 매일 실천하는 것이 타당한 목표와 일주일에 두세 번만 신경 써도 괜찮은 목표를 구분하고 결정해야 한다.

한편, 매일 같은 시간에 그날의 계획을 세우는 시간을 가질 수 있게 노력해 보자. 되도록 아침 일찍이면 더 좋다. 이 새로운 습관을 커피를 마시거나 지하철을 타고 출근하는 것 등 아침마다 자신이 하는 다른 습관과 묶어 함께 실천하는 것도 괜찮은 생각이다. 매일 아침 그날의 계획을 세우는 데는 5분 남짓이면 충분하고, 매일 아침 같은 시간에 이렇게 실천하는 습관은 큰 도움이 된다. 내 경우에는 아침 7시 30분에 커피 한 잔을 마시면서 하루를 계획한다. 그리고 뉴스 기사나 아이들이 부르는 소리에 정신이 산만해질 경우를 대비해 내 핸드폰에는 편안한 소리로 이 시간을 알려주는 알람이 설정되어 있다.

비법 3: 필요하다면 계획을 조정하자!

이제 하루를 계획하는 일을 습관으로 만들었고, 강점 기반의 목표를 실행 가능한 수준의 작업으로 변환했으며, 매일 해야 할 일의 우선순위를 정하는 방법을 찾았다. 이제 다 된 걸까? 아니다. 자신의 뇌가 자율주행 자동차처럼 작동하게 내버려두면 안 된다. 가끔은 자신이 매일 계획을 수립하는 방식이 실제로 목표에 다가가는 데 도움이 되는지, 그리고 자신의 뇌를 '에너자이저' 상태로 유지하는지 되돌아보는 시간을 가질 필요가 있다.

- 내 하루는 차분하고 계획적인가, 아니면 스트레스가 많고 무계획적인가?

- 매일 그날의 계획을 세우겠다는 습관을 하루도 빠짐없이 실천했는가, 아니면 몇 번은 건너뛰었는가?
- 거의 모든 날에 일과를 마칠 즈음이면 성취감을 느끼는가?
- 우선순위가 높은 일을 제대로 처리하고 있는가?
- 내가 수립한 장기 목표를 향해 순조롭게 나아가고 있는가?
- 이날 하루만큼은 특별히 생산적이었다. 이유가 무엇일까?
- 이날에는 의미 있는 성과가 전혀 없었다. 왜 그랬을까?
- 내가 가진 강점을 제대로 활용했는가?

이 가운데 마지막 질문이 가장 중요하다. 단지 그날 해야 할 일을 효율적이고 반사적으로 처리해 나가는 대신 매일 두세 시간이라도 자신의 강점을 진행 중인 프로젝트에 활용하는 데 투자한다면, 누구나 직장에서 더 즐겁게 몰입하면서 일할 수 있다.

비법 4: 목표를 시각화하라!

혹시 '집중하는 것이 성장한다'라는 말을 들어본 적이 있는가? 우리가 문제에 집중하면, 우리 뇌는 더 많은 문제를 찾아낸다. 그러나 우리가 자신의 목표에 집중하면, 그 목표를 달성하게 된다. 따라서 목표를 일일 계획에 반영하는 것 외에 목표를 달성하는 또 다른 방법은 자신이 성공하는 모습을 시각화하는 것이다. 여기서 시각화란 프로젝트나 작업을 현실에서 원하는 방식대로 수행하는 자기 모습을 마음속으로 상상하는 기법을 의미한다. 이는 마치 정신적 예행연습과 같다. 시각화의 기본적인 개념은 어떤 회의나 발표, 업무를 머릿속으로 반복해서 연습할수록 실제 업무성과가 향상된다는 것이다. 만약 정신적으로 시각화하는 데 어려움이 있다면, 그 대신 긍정적 확언을 활용할 것을 추천한다.

비법 5: 최선을 다하거나 포기하거나 둘 중 하나다!

몇 년 동안 마음에 품어왔으나 아직 시작조차 못한 목표가 있는가? 일생일대의 꿈이나 목표를 매해 수립하면서도 생각은 하지만 실천하지 않아 끊임없이 괴로워하는 사람들이 있다. 그러한 목표를 떠올리거나 종이에 적지만 행동으로 옮기지 않을 때마다 우리 뇌는 이를 미완성이거나 실패한 목표로 간주하고 기억 속에 저장하게 된다. 이제는 결단해야 할 시점이다. 실천할 것인가, 아니면 포기할 것인가? 어떤 목표를 종이에 적기로 했다면, 그에 전념해야 한다. 목표를 달성할 때까지 매일 움직이고 실천해야 한다. 그렇게 할 수 없다면, 새로운 목표를 수립하거나 새로운 꿈을 꾸어야 할 시간이다.

독자 여러분 모두에게 박수를 보낸다! 목표 설정과 관련한 워밍업 연습과 트레이너가 전하는 비법까지 모두 마쳤으니, 이제 하루를 시작할 준비를 마친 것이나 다름없다. 하지만 잠깐! 앞서 2장에서 배운 내용을 기억한다면, 예상치 못한 내적 장애물과 외적 장애물은 이제 막 시작한 하루에 찾아올 것이다. 자, 숨을 깊게 들이마셔 보자. 이제부터 나는 독자 여러분이 '에너자이저' 상태를 유지하는 것은 물론이고, 이와 같은 장애물이 독자 여러분의 목표 달성과 성공적인 하루를 방해하지 않도록 하는 여섯 가지 전략을 소개할 예정이다.

6장

매일 맞닥뜨리는 장애물, 어떻게 극복할 수 있을까

에너지 넘치는 하루를 위한 여섯 가지 전략

아무리 철저하게 계획하고 다가올 일을 예측하더라도 매일매일 어떤 식으로든 장애물이 나타나기 마련이다. 이 사실을 알고 받아들이는 것만으로도 자신의 뇌가 제 기능을 멈추기 시작하고 에너지가 고갈된다는 느낌이 들 때 자신을 탓하지 않을 수 있다. 최근 몇 주 사이에 일이 잘 풀리지 않고 의미 있는 성과를 전혀 이루지 못한 것만 같은 기분이 들었던 날을 떠올려 보자.

- 구체적으로 무엇이 잘못됐던 걸까?
- 어떤 목표를 달성하지 못한 걸까?
- 어떤 장애물이 '에너자이저' 상태에 도달하는 것을 방해했

을까?

독자 여러분이 이번 장을 다 읽었을 때 내가 기대하는 것은, 어떻게 하면 직장에서 높은 성과를 내는 하루를 더 많이 만들어 내는 반면 각종 장애물로 인해 지치거나 넘어지는 날은 줄어드는지를 깨닫기 시작하는 것이다.

우리 가족이라면 내가 요리에는 소질이 없다고 말할 것이다. (실제로 나는 얼음도 간신히 만들고 물만 끓여도 태워먹는 사람이니 딱히 할 말은 없다.) 하지만 나는 직장에서 온종일 '브레인 온!' 상태를 유지하는 데 필요한 재료와 조리법에 관해서는 전문가다. 독자 여러분은 아침에 눈을 뜨는 순간부터 자신의 뇌 에너지가 감소하기 시작할 뿐이라는 사실을 이미 알고 있을 것이다. 따라서 우리가 해야 할 일은 하루를 보내는 과정에서 자기 뇌의 에너지를 가능한 한 오랫동안 유지하고, 그 결과 하루가 끝나는 시점에도 이 '에너자이저' 상태를 유지하는 것은 물론이고 심지어 더 많은 에너지가 충전된 상태로 하루를 마무리하는 것이다.

이번 장에서 나는 우리가 매일 마주치는 장애물 코스를 관리하는 방법을 독자 여러분에게 안내할 것이다. 또한 온종일 집중력을 유지하여 더 큰 즐거움과 더 많은 에너지, 더 높은 생산성에다 심지어 더 큰 재미까지 얻는 방법도 보여줄 것이다. 이번 장에서는 자신이 현재 경기장 내 코트나 그라운드 위에 서있다고 생각해 보자. 그러면 이제 독자 여러분은 만반의 준비를 마친 상태, 즉 내 표현으로는 '브레인 온!' 상태를 유지하면서 그날의 목표에 도달하는 길을 가로막는 방해물을 피하거나 정면으로 돌파해야 한다.

매일 불가피하게 나타나는 장애물을 잘 피한다면, 직장 생활에서 우리가 매일 궁극적으로 추구하는 매우 중요한 목표인 '에너자이저' 상태를 유지할 수 있을 것이다. '에너자이저' 상태에 도달하고 이를 유지하는 여섯 가지 전략은 다음과 같다.

1. 성공하는 사고방식으로 시작하라.
2. 긍정적인 의도를 가져라.
3. 어려운 일을 먼저 해결하라.
4. 휴식을 계획하라.
5. 동기를 부여하라.
6. 수시로 자신을 돌아보라.

성공하는 사고방식으로 시작하라

프로든 아마추어든 스포츠에서 어떠한 팀도 질 것이라고 생각하며 경기에 나서지 않는다. 하지만 수많은 사람이 아침에 자리에서 일어나기도 전에 회사 이메일을 확인하거나, 눈을 뜨자마자 내면의 목소리가 자신을 두렵거나 부정적인 곳으로 이끌고 가도록 내버려두는 등, 나쁜 습관 때문에 경기에서 지는 사고방식에 쉽게 빠질 수 있다.

높은 성과를 내는 사람들은 자신의 사고방식을 운에 맡기지 않는다. 이들은 잘못된 생각, 감정 조절 실패, 원초적인 비합리적 두려움 등을 극복하기 위해 적극적으로 노력한다. 바로 이것이 건강한 인생을 사는 데 있어 뇌 훈련이 유산소 운동만큼이나 중요한 이유다.

성공하는 사고방식으로 하루를 시작하려면 아침에 눈을 뜨자마자 핸드폰이나 일정표처럼 자신을 업무 모드에 돌입하게 만드는 모든 요인을 피하는 것에서부터 시작해야 한다. 우리 뇌는 긍정적이고 활력 넘치는 방식으로 '온라인' 상태로 전환할 시간이 필요하기 때문이다.

에너지 넘치는 하루를 준비할 수 있는 몇 가지 방법은 다음과 같다.

- **핸드폰 알람으로 뇌의 경보 시스템을 자극하지 말라.** 아침에 울리는 핸드폰 알람을 끄려면 핸드폰을 물리적으로 집어 들어야 한다. 문제는 일단 핸드폰을 손에 잡으면 다시 내려놓기 어렵다는 데 있다. 이메일과 소셜 미디어, 문자 메시지를 확인하기 시작하면서 정신적으로 준비되지 않은 상태에서 바쁜 출근길에 나서게 된다. 아무리 기분 좋은 알람 소리를 골랐다고 생각해도 자연의 소리나 풍경만큼 평온하지는 않을 것이다. 나를 포함한 많은 웰빙 전문가는 빗소리나 새소리, 심지어 떠오르는 태양이 연상되는 소리가 알람 소리로 가장 좋다고 믿는다. 아침에 처음 들

리는 소리와 함께 자신의 브레인 파워, 즉 지적 능력을 해치고 편도체가 뇌를 납치하게 하는 것이 목표는 아닐 것이다. 그보다는 자신을 부드럽게 깨우는 다른 기기를 선택하는 편이 바람직하다.

* **뉴스 및 소셜 미디어 사용량을 관찰하고 조절하라.** 특히 아침에 처음 하는 일이 이러한 유형의 정보를 흡수하는 것이라면 우리 뇌에 해로운 오염원이 될 수 있다. 뉴스 기사는 부정적 감정을 촉발해 우리 뇌를 '오프라인' 상태로 만들 수 있다. 긍정 심리학자 숀 아처Shawn Achor와 미셸 길란Michelle Gielan에 따르면, 아침에 단 3분이라도 부정적인 뉴스를 시청하는 사람들은 그날 저녁에 행복하지 않은 하루를 보냈다고 말할 확률이 무려 27퍼센트나 더 높다. 아처는 또한 부정적인 뉴스를 시청하면 업무 생산성이 저하될 수 있다고 지적한다. 아침 시간에 우리의 목표는 좋은 하루를 보낼 수 있게 준비하는 것이어야 한다. 우리 뇌가 하루를 시작하는 방법을 부정적인 뉴스가 지배하게 내버려두면 안 된다. 낙관적인 마음과 함께 하루를 시작하면 문제가 아니라 가능성을 보는 데 도움이 될 것이다.

* **중심을 잡고 자신에게 집중하라.** 그러면 뉴스나 이메일, 문자 메시지가 없는 아침 루틴은 어떤 모습일까? 건강한 아침 루틴은 차분하고 감사하는 마음, 그리고 균형감 있는 시각을 갖게 하는 루틴이다. 영감을 주는 독서, 일기 쓰기, 고마움을 표현하는 연습, 가벼운 요가나 스트레칭 등 자신

이 좋아하며 회복 효과가 있는 활동을 선택해 보자. 아침에 일어나자마자 자기 내면의 더 깊고 의미 있는 부분과 연결되는 것은 온종일 중심을 잡고 자신에게 집중하는 데 큰 도움이 된다.

* **의식적으로 하루를 시작하라.** 별다른 신호 없이 오늘로 흘러 들어가서는 안 된다. 자신의 뇌가 언제부터 본격적으로 '일하는 중'이고 업무에 집중하고 있는지 정하자. 출근길에 고객사나 직장 동료에게 전화를 걸면서 뇌가 하는 일이 시작될 수 있을까? 성공적인 하루를 위한 준비는 자신이 어떤 모습으로 나타나 어떤 일부터 하느냐에서 시작된다. 이러한 시작이 그날 하루 전체의 분위기를 결정하기 때문에 의식적으로 '브레인 온!'이라고 말하며 하루의 시작을 자신의 뇌에 알리는 습관을 들이는 것이 중요하다. 따라서 업무를 시작하면서 뇌가 활성화된 상태인지를 의식적으로 주의를 기울여 확인해야 한다. 예를 들어, 컴퓨터나 업무용 기기를 켜고 하루를 시작할 때 자기 자신에게 "파워 온! 브레인 온!"이라고 말하는 것도 좋은 신호이자 습관이 될 수 있다. 이처럼 주문을 외우듯 말하는 습관은 사고의 뇌를 의식적으로 활성화하는 데 도움이 된다.

긍정적인 의도를 가져라

아마 독자 여러분의 뇌는 '목표와 의도는 어떻게 다른 걸까?'라고 궁금해할지도 모른다. 좋은 질문이다. 의도란 온종일 갖추고 싶은 태도다. 즉, 하루를 보내면서 유지하고 싶은 감정을 의미한다. 그에 반해 목표는 도달하고 싶은 구체적인 종착점이나 결과를 가리킨다.

의도는 '나는 중심을 잡고 있다' '나는 기쁨으로 가득하다' 또는 '나는 용감하다'와 같이 표현될 수 있다. 의도를 가다듬는 데는 얼마 걸리지 않는다. 이는 마치 내비게이션의 출발 버튼을 누르는 것과 같다. 목적지에 제대로 도달하려면 정신적으로도 제대로 방향을 잡고 출발해야 한다. 나의 의도는 '친절하게 행동하자' '도움이 되는 사람이 되자' '재미있게 살자' 등 세 가지 주제에 초점이 맞춰져 있는 편이다. 나와 함께 일하는 한 조직의 리더는 사무실에 발을 들여놓는 순간부터 집중력이 흐트러진다고 말한 적이 있다. 이러한 리더가 가진 의도는 '집중력을 유지하자'나 '현실을 인식하자' 정도가 될 것이다.

회의나 업무를 본격적으로 시작하기에 앞서 의도를 설정하면 매우 큰 도움이 될 수 있다. 특히 아주 중요한 회의나 전화 통화 전이라면 더욱 그렇다. '이번 회의에는 어떤 모습으로 참석하고 싶은가?' 또는 '이 어려운 대화를 하는 동안 어떤 기분을 느끼고 싶은가?'와 같은 질문을 스스로에게 던져보기 바란다. 특히 의도를 설정할 때 무엇이 자신에게 동기를 부여하는지 깊이 들여다보자. 이 세상에 좋은 영향을 미치는 존재가 된다면 더 만족스럽지 않을까?

어려운 일을 먼저 해결하라

앞서 5장에서 간략하게 다룬 내용이지만, 하루를 계획할 때는 그날 진전을 이루고 싶은 가장 중요한 목표에 우선순위를 두어야 한다. 사람들은 대체로 아침 시간에 정신적 에너지 수준이 가장 높다. 물론 정오 무렵이나 밤늦게 가장 활력이 넘치고 머리가 맑다고 생각하는 사람은 자신에게 적합한 시간대를 활용하면 된다. 중요한 것은 우리 뇌가 생산적인 브레인 파워와 자원을 활용할 수 있는 시간은 하루에 대략 서너 시간이라는 사실이 과학적으로도 입증되었다는 점이다. 그렇다. 그 시간이 전부다. 따라서 이 얼마 안 되는 시간과 에너지를 전략적으로 보호하고 활용해 오늘 하루의 핵심 목표 등, 더 복잡하고 창의적이며 우선순위가 높은 전략적인 프로젝트를 진행해야 한다. 이렇게 하면 중요한 과업을 완료하는 데 도움이 되고 온종일 '성취하고 얻는 쾌감'을 크게 느낄 수 있다. 이 성취감은 우리의 기분을 더 좋게 만들며, 나아가 온종일 에너지를 유지하는 데 도움이 되는 것은 물론이고 더 생산적이고 회복탄력성이 높은 하루를 보낼 수 있도록 한다. 선순환 구조가 완성되는 것이다.

먼저 자신의 '최적 업무 시간'이 정확히 언제인지 정의해 보

자. 내 고객 중 한 명은 대형 헤지펀드에서 해외 시장을 담당하고 있다. 그는 거의 매일 새벽 3시 30분에 일어나 해외에 있는 고객들과 연락을 주고받는다. 그러나 이 이른 시간이 그에게 아침은 아니다. 집에서 새벽 업무를 마친 뒤 그는 보통 오전 6시 30분에 사무실에 도착하는데, 이때가 그에게는 진짜 '아침' 시간이다. 이 헤지펀드 매니저는 출근하자마자 회의실로 들어가 문을 닫은 다음 가볍게 스트레칭하고 5분간 명상하는 루틴을 지킨다. 그런 다음에는 노트를 꺼내 오늘 하루 '반드시 해내야 하는 일'을 써 내려간다. 그리고 곧장 자기 책상으로 가서 오늘의 목표를 달성하는 데 필요한 업무에 바로 착수한다. 직장 생활이 대개 그렇듯 보통 30~40분 정도 지나면 누군가 찾아오거나 전화벨이 울려 방해를 받게 되지만, 그때쯤이면 이미 어느 정도 업무가 진행된 상태이며 나머지 일도 어떻게 처리할 것인지 알게 된다. 이러한 루틴은 그가 매일 찾아오는 혼란 속에서도 중요한 일에 집중할 수 있는 균형감을 얻고 의도를 설정하는 데 도움이 된다.

다른 한 고객은 자선사업가로, 상장사 세 곳과 비영리 단체 네 곳의 이사회에서 활동하고 있다. 이 여성은 매일 아침 7시에 일어나 에스프레소를 한 잔 만든다. 베란다에 놓인 의자에 앉아 20분 정도 일기를 쓴 다음에는 집 근처 숲으로 가서 꽤 긴 시간 동안 산책한다. 산책을 마치고 돌아와서는 자신이 활동하는 조직이나 인생에 중요한 장기적이고 전략적인 프로젝트에 집중한다. 핸드폰이 울리고 이메일이 들어오기 시작할 즈음이면 이미 업무에서 상당한 진전이 이루어진 상태가 된다.

독자 여러분의 아침과 인생이 이들과 똑같지는 않을 테니, 자신에게 효과가 있는 루틴을 만들어야 한다. 자신이 수립한 목표에 집중하기 가장 좋은 시간대를 정한 다음 그 시간을 어떻게 활용할 것인지 결정하자. 물론 차분하면서도 에너지를 충전하는 시작을 통해 중요한 일에서 진전을 이루어내겠다는 적극적인 의지가 함께 해야 한다.

휴식을 계획하라

직장에서 매일 8시간 동안 보내는 일과가 여러 개의 '단거리 전력 질주' 트랙으로 쪼개져 있다고 생각해 보자. 즉, 한 작업을 수행하고 회복한 뒤에 다음 작업으로 넘어가는 것이다. 평범한 직장에서도 업무량이나 책임에 따라 이러한 단거리 전력 질주는 하루에도 서너 번 또는 그 이상 일어난다. 여기서 회복 시간은 곧 휴식 시간을 의미한다. 따라서 하루 동안 휴식을 여러 차례 취한다고 해서 게으르거나 열정이 부족한 것이 전혀 아니다.

직장에서 사람들이 주기적으로 휴식을 취해야 하는 이유에 관한 과학적인 근거가 실제로 존재한다. 우선, 휴식은 지루해지거나 집중력이 떨어지는 현상을 방지한다. 어떤 과업이나 프로젝트에 몰두할 때는 아이디어가 샘솟고 기분이 좋아진다. 하지만 이런 상태가 영원히 지속될 수는 없다. 생산성이 최고 수준을 유지하는 구간을 조금이라도 넘어서면, 집중력이 흐트러지고 멍해지며 심지어 짜증이 날 수도 있다. 이 책의 앞부분에서 언급했듯이, 인간의 뇌는 현대 사회가 요구하는 바에 따라 장시간 집중력을 유지할 수 있도록 설계되지 않았다. 결국 짧은 휴식은 인간의 뇌가 다시 제자리를 찾아 돌아가는 데 필요한 전부다.

또한 휴식은 정보를 더 잘 기억하는 데도 도움이 된다. 인간의 뇌는 두 가지 모드를 갖고 있다. 무언가 새롭게 배우거나 글을 쓰거나 일할 때 사용하는 '집중 모드focused mode'와 머리를 그다지 쓰지 않을 때 사용하는 상대적으로 더 편안하고 몽상적인 '분산 모드diffuse mode'가 바로 그 두 가지다. 보통 집중 모드가 생산성 향상에 최적화된 모드라고 생각할 수는 있지만, 사실 정보를 더 깊이 흡수할 때 우리 뇌는 분산 모드에 있다. 휴식의 가장 큰 장점은 한 걸음 물러나 자신이 올바른 목표를 올바른 방식으로 달성하고 있는지 확인할 수 있다는 것이다. 한 가지 일에만 계속 몰입하다 보면 집중력을 잃고 어디로 가야 하는지도 모르기 쉽다. 휴식을 취하는 것은 매우 좋은 습관이며, 결코 죄책감을 느낄 일이 아니다. 오히려 휴식을 통해 목표에 대한 집중력을 유지할 수 있기 때문이다.

> **브레인체크** 미국의 유명 저널리스트이자 에너지 프로젝트Energy Project의 설립자인 토니 슈워츠Tony Schwartz가 강조한 중요한 내용 중 하나는 모든 휴식이 똑같은 것이 아니라는 점이다. 즉, 활력을 되찾고 에너지를 충전하는 진정한 의미의 휴식은 그 시간 동안 무언가 자신이 좋아하거나 재충전할 수 있는 것을 하는 경우에만 해당한다. 핸드폰 화면을 무의미하게 넘긴다고 해서 휴식은 아니다. 아무 회복 효과가 없는 일이

기 때문이다. 휴식을 최대한 활용하기 위해서는 자동 조종 모드로 돌입하는 함정에 빠지지 않는 것이 중요하다.

인간은 습관의 동물이라 조금만 시간이 나면 핸드폰이나 정크 푸드, 무의미한 인터넷 검색에 빠져들곤 한다. 《무엇이 우리의 성과를 방해하는가》의 저자이기도 한 슈워츠는 나만의 휴식 요령을 메모 형태로 만들어 볼 것을 권장한다. 이 메모는 하나의 멘탈 피트니스 연습으로, 1분이나 5분 혹은 10분의 휴식이 주어졌을 때 기분을 좋게 하고 에너지를 재충전하기 위해 어떠한 활동을 하고 싶은지 미리 정리해 두는 것이다. 예를 들어, 내 사무실 벽에 붙어있는 휴식 요령 메모에는 다음과 같은 내용이 포함되어 있다.

1분
- 천천히 세 번 심호흡한다.
- 자리에서 일어나 스트레칭한다.
- 창밖 자연 풍경을 바라본다.
- 짧고 재미있는 글을 읽는다.
- 물이나 좋아하는 차를 몇 모금 마신다.
- 행복한 장소나 아름다운 풍경을 떠올린다.

5분
- 짧게 산책한다.
- 음악을 듣는다.
- 좋아하는 명상법을 따라 한다.
- 텀블러에 따뜻한 물을 채운다.
- 주변에 있는 자녀나 반려동물과 교감한다.

10분
- 자연을 찾아 밖으로 나간다.
- 10분짜리 운동 루틴을 소화한다.

- 좋아하는 소설을 몇 페이지 읽는다.
- 친구에게 전화해서 안부 인사를 나눈다.
- (긍정적인 엔도르핀 생성을 위해) 감동적이거나 재미있는 짧은 영상을 몇 개 본다.

이처럼 휴식 요령을 다양하게 미리 준비해 두면, 전략적으로 더 많은 에너지를 회복하는 성공적인 휴식을 확보할 수 있으며, 일상생활에서 쉽게 실천할 수 있는 좋은 휴식 습관을 만들 수 있다.

동기를 부여하라

에너지가 떨어지는 순간이 찾아올 때 의도적으로 자신에게 동기를 부여할 수 있는 활동을 계획에 집어넣을 수 있다. 예를 들어, 좋아하는 활동이나 더 바람직하게는 성취감이나 목적의식을 불러일으키는 활동에 주의를 집중해 볼 수 있다. 이러한 활동은 업무에서 완전히 벗어나는 휴식과는 다른 개념이다. 물론 휴식을 취할 때 하는 것과 비슷한 활동을 계획에 넣을 수도 있지만, 중요한 점은 스스로 영감을 받는다거나 에너지를 재충전하겠다는 구체적인 목표가 있어야 한다는 것이다. 오늘 하루를 어떻게 보낼지 이미 계획했더라도, 이를 재조정하거나 목표에 초점을 맞춘 활동을 중간에 삽입하는 것은 얼마든지 가능하다. 함께 일하기 즐거운 동료를 찾아가 잠시 브레인스토밍하는 시간을 가져볼 수 있다. 배우자에게 전화를 걸거나 심호흡 몇 번으로 정신을 차리고 집중력을 회복할 수도 있다. 기분을 좋게 만드는 신나는 음악을 듣는 것도 괜찮은 생각이다. 특히 비디오 게임용 음악은 생산성 향상과 동기부여에 도움이 된다는 연구 결과도 존재한다. 때로는 단순히 원래 계획대로 돌아가는 것만으로도 동기가 부여될 수 있다. 지금까지 이미 끝낸 일을 잠시 돌아보기만 해도 남아있는 업무를 끝까지 해낼 수 있는 추진력을 추가로 얻을 수 있다. 물론 우리 인생에는 주의를 산만하게 만드는 요소가 가득하기에 집중력을 되찾기 위한 노력 자체가 하나의 보상이라 할 수 있다.

수시로 자신을 돌아보라

여섯 가지 전략 중 마지막이지만 어쩌면 가장 중요할 수 있으며 직장에서 하루를 보내는 내내 언제든 실행할 수 있는 전략이다. 우리가 하는 생각이나 행동 대다수는 외부 요인이나 내부 요인의 영향을 받는다. 날씨가 좋아지면 기분이 좋아지는 순간이 있다. 반대로 직장 동료와 어려운 대화를 나누고 나면 순간 속상하고 에너지가 고갈된 느낌을 받을 수도 있다. 기분이나 감정은 무의식적으로 빠르게 변화하며 통제하기 어려운 경우가 많다. 이럴 때는 한 걸음 물러나 온종일 자신이 느낀 기분과 감정을 주의 깊게 살펴보면, 에너지 수준을 제자리로 돌려놓는 데 도움이 된다. 자신이 왜 특정한 방식으로 생각하고 느끼는지를 더욱 명확하게 알 수 있으며, 이러한 인식은 감정 기복을 해소하는 데 도움이 되기 때문이다.

자기 인식self-awareness은 감정 조절로 가는 첫 단계이자 비결이다. 스스로 점검하고 자신을 돌아보지 않으면, 자신이 '브레인 오프' 상태인지 아니면 '브레인 온!' 상태인지 알 수 없다. 그러다 보면 하루가 순식간에 지나가 버리고, 완전히 지쳐버린 상태에서 극심한 스트레스에 시달리게 된다. 그러므로 오늘 하루의 계획이 윤곽을 갖추기 시작하면 자신을 돌아보는 습관을 계획에 포함하는 것이 중요하다. 당연한 말이지만, 하루 일정에 자기 점검 시간을 반영하는 이유는 이를 실제로 실행에 옮기기 위해서다. 그러면 이제 매일 반복되는 일정에서 '일시정지' 신호를 삽입할 수 있는 일정한 시점을 서너 개 정도 찾아보자. 예를 들어, 아침에 출근할 때, 화장실에 갈 때, 문자 메시지에 답할 때, 점심을 먹을 때, 컴퓨터를 켤 때 (내 뇌도 켜야 할까?) 등이 하루 중에 자연스럽게 '일시정지' 신호가 들어갈 자리가 될 수 있다. 이와 같은 신호는 습관을 형성하는 데 도움이 되며, 시간이 지나면 반사적으로 실행되는 행동으로 자리 잡게 된다.

*감정 돌아보기emotional check-ins는 우리가 정신 건강을 위해 할 수 있는 가장 중요한 일 중 하나다. 이를 통해 자신이 느끼는

• 감정 돌아보기는 감정 점검이나 감정 확인으로 불리기도 함

스트레스와 불안, 그리고 직접 경험한 방해 요인을 즉각적으로 파악할 수 있기 때문이다. 사람들은 대체로 다음 단계로 급히 넘어가거나 부정적 감정을 전적으로 회피하려는 경향이 있다 보니 지금 느끼는 감정을 제대로 마주하지 못하는 경우가 많다. 감정 돌아보기는 삶의 속도를 늦추고 현재 자신의 감정 상태를 정확하게 인식할 수 있도록 도와준다. 또한 현재 느끼는 감정을 파악하기만 해도 미래에 더 나은 기분을 느낄 수 있는 기반이 된다.

감정 돌아보기는 격렬한 유산소 운동 과정에서 자신이 적절하고 건강한 속도로 달리고 있는지, 아니면 목표로 하는 속도 구간을 벗어났는지 (즉 너무 빠르게 또는 운동이 안 될 정도로 설렁설렁 달리는지) 확인하기 위해 심박수를 측정하는 것과 비슷하다고 생각할 수 있다. 그리고 이 말을 꼭 명심해야 한다. 지금 이 순간에 내 감정이 어떤지 알지 못하면, 한 시간이 지난다고 해서 그 감정이 나아질 것이라고 기대하기 어렵다. 다음은 감정 돌아보기를 위한 다섯 가지의 간단한 방법이다.

- **몸이 보내는 신호에 귀를 기울이자.** 우리 몸은 감정이 완전히 드러나기 한참 전에 자신이 어떻게 느끼고 있는지 알려주는 신호를 내보낸다. 어깨가 귀에 닿을 정도로 경직되어 있는가? 아니면 심장이 엄청나게 빨리 뛰고 있는가? 이러한 신체 감각은 감정이 균형을 되찾아야 한다고 경고하는 신호다.
- **천천히 심호흡하자.** 느린 속도로 호흡하는 것은 우리가 정

신적 웰빙을 위해 할 수 있는 일 중 하나다. 코로 숨을 들이쉬고 입으로 내쉬면 된다. 마음의 속도를 늦추면 자신의 감정 상태에 집중할 수 있다.

- **간단한 질문을 딱 하나만 해보자.** '지금, 이 순간 나는 어떤 기분인가?' 이 질문은 매우 훌륭한 마음챙김mindfulness 연습법으로, 자신의 감정 상태를 매우 정확하게 읽는 데 주의를 집중하도록 유도한다.
- **생생한 언어로 표현하자.** 감정을 더 자세하고 구체적으로 묘사할수록 자신의 감정을 돌아보는 데 더 큰 도움이 된다. 단순히 "기분이 별로야"라고 혼자 중얼거린다고 해서 도움이 되지 않는다. 너무 모호한 표현이기 때문이다. 상처받았다, 거절당했다, 당혹스럽다, 걱정스럽다, 평가당했다, 기진맥진하다 등 구체적인 단어를 사용해 자신의 감정에 더 깊이 들어가 보기를 바란다. 표현과 설명이 구체적일수록 자신을 돌보는 데 필요한 것이 무엇인지 더 구체적으로 알 수 있다.
- **감정을 유발하는 원인을 되짚어 보자.** 우리 인생과 감정은 단순하지도 않고 쉽지도 않다. 그래서 인간으로서 우리가 왜 이런 감정을 느끼는지 알기 힘든 경우가 많다. 자신이 느끼는 감정에 영향을 미치는 것이 무엇인지 돌아볼 수 있다면, 그 감정을 조절하고 태도를 바꾸는 데 필요한 통찰력을 얻을 수 있다.

'에너자이저' 상태로 올라가는 네 개의 계단

축하할 시간이다. 〈나를 위한 '브레인 온!' 가이드북〉 강의가 거의 끝났다. 이제 독자 여러분은 '에너자이저' 모드 유지에 관한 전문가의 길을 착실하게 걷고 있다.

어쩌면 독자 여러분은 강점 기반의 목표를 수립하는 첫 번째 계단을 올라가는 과정에서 꽤 많은 땀을 흘렸을 것이다. 다행히도 이제는 직장에서 다양한 전략을 매일 적용해 나가는 두 번째 계단에 올라섰을 것이다. 매일 어떤 모습으로 직장에 나타날 것인지와 관련하여 긍정적인 의도를 설정하고, 내면의 보상을 통해 계속해서 스스로 동기를 부여해서 꾸준히 목표를 달성하는 등의 방법으로 말이다.

> **브레인 체크** 자신이 파악한 강점 기반의 목표와 직장에서 성공적인 하루를 보내기 위해 자신이 만드는 변화를 주목하자. 여기는 스스로 아직 완벽하지 못한 것에 대해 자책하는 자리가 아니다. 짧은 휴식을 통해 독자 여러분이 더 잘 해내고 있는 부분을 떠올리면서 자신을 칭찬하는 시간을 가져보기를 바란다.

이제 정복해야 하는 남은 계단은 단 두 개다. 바로 하루 중에 뇌가 갑작스럽게 '오프라인' 상태가 될 때 민첩하게 조정하는 것(세 번째 계단)과 충분한 자기 관리를 통해 뇌의 에너지 수준을 끌어올리는 것(네 번째 계단)이다.

드디어 '에너자이저' 모드를 완성했다!

충분한 휴식 등, 자기 관리를 실천하여 뇌가 필요한 에너지를 얻을 수 있도록 한다.

자극받았을 때도 스스로 감정을 조절하고 뇌를 다시 '온라인' 상태로 되돌린다.

매일 긍정적인 의도를 갖기 위해 노력하며, 타인에게 도움을 주는 등 내면의 보상을 통해 스스로 동기를 부여한다.

목표는 내 삶의 목적, 가치, 웰빙 지향점, 그리고 강점을 기반으로 설정되었다.

7장

멈춰버린 뇌를
다시 작동시키는 법

'브레인 온!' 멘탈 피트니스 운동

사람들에게 본인 인생에서 어떤 관계가 중요한지 물어보면 대부분 배우자, 자녀, 부모, 형제자매, 친구, 그리고 직장 상사나 동료의 이름을 떠올린다. 뇌와의 관계가 최우선이라고 말하는 사람은 아무도 없을 것이다. 하지만 결국 가장 중요한 관계는 바로 자신의 뇌와 맺고 있는 관계다. 뇌의 반응을 조절하고 뇌를 건강한 상태로 유도하는 방식에 따라 다른 많은 중요한 관계가 영향을 받고, 더 나아가 긍정적이고 만족스러운 관계가 될 것인지 아니면 부정적이고 불만족스러운 관계가 될 것인지 결정되기 때문이다.

이러한 이유에서 나는 '브레인 온!' 접근방법이 사람들에게 매일, 매시간, 그리고 매 순간 자신의 뇌가 어떻게 작동하고 있는지 인식할 것을 요구한다는 측면에서 매우 혁신적이라고 생각한다. 우리가 전통적으로 일하던 방식은 온종일 스트레스와 좌절 속에서도 이를 악물고 버티다가, 집으로 돌아와 소파에 널브러져 있거나 동네 술집을 찾아 술 한잔과 함께 마음 깊은 곳에 자리한 불안감을 달래는 것이다. 반면, 내가 새롭게 제안하는 '브레인 온!' 방식은 특히 매일 분주한 하루를 시작하기 전, 중요한 회의에 참석하기 전, 혹은 고도의 집중력과 생산성이 요구되는 작업을 시작하기 전에 수시로 스스로를 돌아봄으로써 자신의 감정을 조절하고 뇌가 에너지와 기분을 유지할 수 있도록 휴식을 주는 것이다.

직장에서 사고의 뇌가 담당하는 주요 기능은 업무, 의사결정 및 대인 관계에서 최적의 성과를 내면서 계속 일할 수 있게 하는 것이다. 이미 배운 내용이지만, 우리 머릿속 사고의 뇌와 감정의 뇌는 동시에 '온' 상태가 되어 작동할 수 없다. 감정의 뇌가 자동 조종 모드로 전환되어 사고의 뇌보다 우위에 있으면, 직장에서 좋은 성과를 내기가 불가능하지는 않더라도 매우 어려워진다. 하루를 보내면서 수시로 정신적으로 강인한 상태를 유지하는 데 도움이 되는 운동을 하면, 하루를 마감하면서 "오늘 내가 정한 목표를 달성했고 나 자신도 잘 돌볼 수 있었군. 내일도 아무 문제 없겠어!"라고 말할 수 있게 된다.

신체적 단련을 위한 운동 루틴에는 보통 근력 운동이나 유산소 운동, 유연성 운동과 같이 기본적인 운동 요소가 포함된다.

그리고 이 기본적인 운동은 골프나 테니스를 치고 산길을 하이킹하며 수십 킬로미터씩 자전거를 타는 등 일상생활에도 적용된다. 마찬가지로, 멘탈 피트니스 혹은 정신 건강을 유지하기 위한 가이드 명상guided meditation이나 마음챙김 기반의 스트레스 완화mindfulness-based stress reduction(MBSR)처럼 기본적인 뇌 운동 프로그램에 익숙한 사람이 많을 것이다. 내가 멘탈 피트니스 운동에서 가장 도움이 된다고 느끼는 점은 직장에서 일하는 중에도 뇌의 '근육'을 단련하는 데 활용할 수 있다는 것이다. 멘탈 피트니스 운동은 내가 업무 시간에 '브레인 온!' 상태를 유지하고 최상의 컨디션에서 일할 수 있도록 도와준다. 또한 내 뇌가 '오프라인' 상태로 향하는 듯한 순간에도 나는 이 운동을 통해 단 몇 분 만에 어렵지 않게 다시 '온라인' 상태로 돌아올 수 있다.

내가 가장 좋아하며 내 인생에서 나침반 역할을 하는 명언 중 하나는 '마음챙김의 어머니'로 불리는 엘렌 랭어Ellen Langer가 남긴 말이다. 랭어는 사회심리학자이자 하버드 대학교 심리학과에서 여성 최초로 종신 교수가 된 인물이다. 또한 세계적인 베스트셀러 《마음챙김 학습혁명》을 포함하여 11권이 넘는 책을 집필했다.

랭어는 우리가 인생에서 해야 하는 진정한 '일'을 간결하면서도 아름답게 요약했다. 그것은 바로 에너지 넘치는 '브레인 온!' 상태로 하루를 보낼 수 있도록 매 순간 자신의 감정을 조절하는 것이다.

> 인생은 오직 순간으로만 이루어져 있다.
> 그 이상도, 그 이하도 아니다.
> 그러니, 이 순간에 의미를 부여한다면
> 결국 모든 것이 의미 있게 된다.

이번 장의 핵심은, 뇌가 '오프라인' 상태로 전환된 것 같은 날에 활용할 수 있는 단순하면서도 실용적인 멘탈 피트니스 운동에 있다. 여기서 나는 지난 수년간 개인은 물론이고 대기업 및 중소기업과 함께 일하면서 얻은 수많은 피드백과 성공 사례를 바탕으로, 가장 유용하고 효과적인 방법을 소개하려 한다. 비록 명상이나 호흡법과 같은 마음챙김 원리가 새롭지 않을 수는 있지만, 그러한 원리를 일반적인 직장 생활에 맞춰 조정하여 독자 여러분이 최소한의 시간에 최대의 효과를 얻을 수 있도록 준비했다.

준비, 출발! 파워 온!

앞서 6장에서 언급한 바와 같이, 직장에서 '브레인 온!' 상태로 하루를 보내는 것은 마치 컴퓨터의 전원을 켜는 것처럼 자신의 뇌에 의식적으로 "파워 온!"이라고 이야기하는 것에서 시작된다. 즉, 사고의 뇌 상태를 유지하고 감정적으로 휘둘리지 않는 것이 오늘 뇌가 해야 할 일이라고 바로 그 뇌에 알려주는 것이다. 내가 아는 가장 효과적인 멘탈 피트니스 운동 하나는 의식적 리더십 그룹The Conscious Leadership Group의 설립 파트너이자《의식적 리더십의 15가지 약속The 15 Commitments of Conscious Leadership》의 공동 저자인 짐 데스머Jim Dethmer가 고안한 '선 위above the line/선 아래below the line' 개념이다. 《의식적 리더십의 15가지 약속》에서 저자는 지금 이 순간의 감정을 파악하는 데 도움이 되는 일련의 '선 위/선 아래' 질문을 소개한다. 이는 하루를 보내는 과정에서 수시로 자신을 돌아보면서 자신이 '브레인 온' 상태(선 위)에 있는지 아니면 '브레인 오프' 상태(선 아래)에 있는지 확인할 수 있는 간단한 질문들이다.

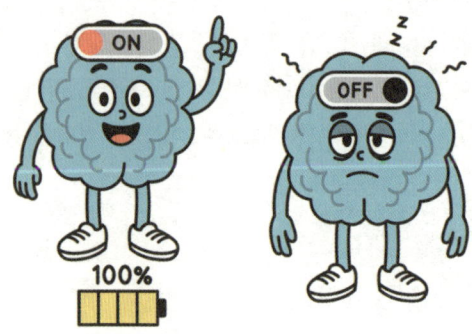

- **'선 위'의 질문: 나는 옳음being right보다 배움에 더 관심이 많은가?**
  - 나는 몸과 마음, 감정이 모두 열려있다.
  - 나는 호기심이 많고 내 믿음에도 의문을 품는다.
  - 나는 이해하려는 마음으로 듣는다.

- 나는 신뢰하는 상태에 있다.

*'선 아래'의 질문: 나는 옳다는 것을 입증하려고 방어적인 태도를 보이는가?
- 나는 위협받는 상태에 있다.
- 나는 듣지 않으며, 억울하다고 느낀다.
- 나는 생각이나 감정이 닫혀있다.
- 나는 남을 탓하고 있다.

무언가에 압도당한다고 느끼기 시작하면서 뇌가 '오프라인' 상태, 즉 선 아래로 떨어지고 있을 때는 다음 간단한 문구 중 하나를 골라 자신에게 반복해서 말하면 마음을 가라앉히고 뇌를 다시 '온라인' 상태로 되돌릴 수 있다. 회사 건물 복도를 걷거나 커피머신에서 커피가 추출되는 것을 기다릴 때, 아니면 화상회의에 참석하여 기다리고 있거나 휴식 시간에 회사 건물 주변을 한 바퀴 돌 때도 이렇게 할 수 있다. 그저 자기 자신에게 말하면 된다.

> 지금 이 순간이 가장 중요하잖아.
> 한 번에 하나씩 하면 돼.
> 한 번에 한 걸음씩 가면 돼.
> 이 또한 지나갈 거야.
> 다 괜찮을 거야.
> 난 해낼 수 있어.

우리가 피하는 세 가지 큰 장애물

'브레인 온!' 상태에서 '에너자이저' 모드에 있다고 해도, 갑자기 나타나는 성가신 장애물로 인해 우리 뇌는 무의식적으로 '오프라인' 상태로 미끄러질 수 있다. 2장에서는 먼저 내적 장애물과 외적 장애물에 관해 알아본 다음, 이러한 장애물이 어떻게 직장에서 보내는 하루를 때로는 무한히 반복하는 장애물 코스처럼 느껴지게 할 수 있는지 살펴보았다. 그러므로 내적 및 외적 장애물을 계속 인식하는 것은 직장에서 자신의 정신적 웰빙을 지키는 핵심 요소다. 내가 경험한 바에 따르면, 우리를 가장 많이 방해하는 대표적인 장애물로는 다음 세 가지를 들 수 있다.

장애물 1: 불안정한 감정

어떤 감정인지 알 것이다. 근육이 긴장된다. 짜증이 나기 시작하면서 기한을 놓친 일이나 실수를 남 탓으로 돌린다. 그리고 충동적으로 결정하거나 성급하게 말하게 된다. 쉽게 말해서 '선 아래'로 크게 추락하고 있는 것이다. 만약 마음속에 슬픔이나 스트레스, 좌절, 화, 심지어 분노가 쌓이기 시작한다면, 감정이 뇌를 비생산적이고 건강하지 못한 상태로 몰아가고 있다는 신호다. 이제 다른 사람은 물론이고 스스로에게도 단기적으로, 그리고 장기적으로도 상처가 될 수 있는 말을 내뱉거나 그러한 행동을 저지를 위험이 커진다.

장애물 2: 의욕 상실

진이 다 빠지다 보니 오늘 하루나 어떤 프로젝트를 그냥 포기해 버리고 싶은 마음이 든다. 무기력하고 피곤하며 지루하다고 느낀다. 끝내야 하는 작업을 미루거나 회피하고, 가장 급한 이메일에만 간신히 답할지도 모른다. 자기 주변에서 무슨 일이 일어나는지 살피기 시작한다. 내면이 공허하고 무감각하게 느껴지며, 심장 박동이 느려진다고 느낄 수 있다. 회신하지 않은 이메일이 쌓이고, 프로젝트 일정은 시간이 갈수록 점점 더 늦어지며, 모든 것이 절망적이고 무의미하게 느껴지기 시작한다. 최악의 상황에는 아무런 의욕이 없어서 아침에 눈을 뜨고 일어나 침대 밖으로 나오기조차 싫어질 수 있다. 만약 이러한 상태가 몇 주 이상 지속된다면, 직장인 상담 프로그램이나 전문적인 상담사, 정신과를 찾아 이야기를 나누는 것을 고려하기를 바란다.

장애물 3: 어려운 인간관계

왜 어떤 날에는 직장에서 누군가가 던진 간단한 질문이나 짧은 말에도 위협을 느끼거나 방어적인 태도를 보이게 될까? 나는 아주 훌륭한 상사와 함께 일하고 있어서 다행이라고 생각한다. 그런데 최근 어느 회의에서 상사가 다음 주에는 해야 할 일이 너무 많다고 상기시켜 주었다. 이미 이전 회의에서 처리해야 할 프로젝트 목록을 논의한 적이 있었고, 그래서인지는 몰라도 상사가 그런 상황을 다시 한번 알려주는 말에 나는 짜증이 나고 압박감을 느끼기 시작했다. 그 순간 왜 이런 기분이 드는지 잠시 생각하고 깨달은 사실은 내가 상사의 말을 너무 사소한 것까지 챙기고 간섭하는 '마이크로매니징'처럼 해석하고 있었다는 것이다. 그리고 나는 늘 지나친 간섭을 너무 싫어했다. 그러다 보니 상사가 별다른 의도 없이 내게 한 말이 나를 자극한 것이다. 평소와 다른 반응이었다는 생각이 든 나는 그날 저녁 나 자신과 하루를 돌아보는 시간을 가졌다. 알고 보니 상사와 만나기 몇 시간 전 매우 까다로운 고객사와 통화한 일이 있었지만, 이후 스스로를 돌아보면서 내가 보인 감정 반응을 해소하고 조절하여 '브레인 온!' 상태를 유지할 시간을 갖지 못했다. 결과적으로 나는 상사를 만나기 직전까지도 감정적으로 휘둘리고 불안정한 상태였고, 그 앙금을 다음 회의까지 끌고 갔던 것이다. 이는 마치 자동차 전면 유리창이 더러워진 채로 운전하는 것과 같다. 이런 상태에서는 모든 일을 명확하게 생각하거나 해석할 수 없다. 그리고 이는 '브레인 온!' 상태를 유지하기 위해서는 수시로 스스로를 돌아보는 것이 매우 중요한 이유다.

여기서 처음 두 가지 장애물은 내면의 부정적인 감정과 느낌에 대한 반응이지만, 세 번째 장애물은 외부 자극에 대한 부정적인 반응이라는 차이에 주목해야 한다. 그리고 이는 앞서 2장에서 '매일 만나는 장애물 코스'를 다루며 이야기한 내적 장애물과 외적 장애물 사이의 차이와 일맥상통한다. 이 모든 장애물은 감정 반응을 조절하고 안정화하는 과정을 거치면서 '브레인 온!' 상태를 유지하는 방법으로 극복해야 한다. 특히 직장에 나가 일상이 흘러가는 과정에서 내적 장애물을 제대로 관리하는 것이 우리가 먼저 해야 할 일이다. 내적 장애물은 우리가 외적 장애물을 처리하는 방식에 영향을 미치기 때문이다. 내면에서 일어나는 일은 주변 업무 환경에 대한 인식과 반응에 영향을 미친다. 그리고 이러한 인식과 반응은 매일 우리가 하는 선택과 행동, 그리고 달성하는 목표에 영향을 미친다. 이제 내가 상사와 겪은 일화로 돌아가 보자. 그 회의에서 대화를 나누는 동안 나는 '브레인 오프' 상태였지만, 그 자리는 단지 내가 담당하는 프로젝트 목록에 관해 이야기하는 시간이었을 뿐이다. 만약 그 회의가 상사가 내게 성과 평가 결과를 전달하거나 내가 저지른 실수와 그로 인해 발생한 문제를 논의하는 자리였고, 내가 '브레인 오프' 상태에서 그 회의에 참석했다면 과연 어떤 일이 벌어졌을지 상상할 수 있을까? 나는 그 어떤 피드백도 건설적으로 받아들이지 못했을 것이다. 더 나아가 '진짜 일하기 싫군. 아무것도 인정받지 못하고 있잖아'라는 생각에 쉽게 빠져들었을 것이고, 나와 상사의 관계는 급격히 나빠졌을 것이다.

장애물을 뛰어넘는 멘탈 피트니스 운동

매일 마주치는 장애물 코스를 극복할 정신적 강인함, 즉 정신력을 키울 준비가 되었는가? 하루에 단 몇 분만 투자하면 실천할 수 있을 정도로 쉽고 간단한 몇 가지 운동법을 여기서 소개하려 한다. 이들 가운데 상당수는 사무실 책상에서나 심지어 회의 중에도 할 수 있는 방법이다.

편도체 활성화로 인한 불안정한 감정을 위한 훈련법

분노, 슬픔, 두려움 등 부정적인 감정을 끓어오르기 시작하면, 잠시 다음과 같은 운동을 통해 자신의 감정 상태를 점검해 보자.

• 훈련법 1: 나는 무엇을 느끼고 있는가?

자신의 감정 상태를 구체적으로 표현해 보자. '이름을 붙이면 길들일 수 있다 name it to tame it'라는 원칙을 따르는 것이다. 이는 저명한 작가이자 정신과 의사인 대니얼 시걸 Daniel Siegel 박사가 감정 조절을 위한 간단하면서도 효과적인 도구로 제시한 개념이다. 사람들은 일반적으로 분노, 경멸, 혐오, 공포, 행복, 슬픔, 놀람 등 여섯 가지의 넓은 범주에서 자신이 느낀 감정을 설명한다. 그러나 더 구체적인 용어를 사용하면, 자신의 감정과 심리적으로 거리를 두고 감정을 더 객관적으로 바라볼 수 있다. 나는 단순히 슬픈가, 아니면 실망했는가? 분노를 느끼는가, 아니면 사실은 당혹스러운 것인가? 피곤한 것인가, 아니면 그냥 지루한 것인가? 자신의 감정을 구체적으로 정확하게 파악하면 뇌가 그 감정을 더 효과적이고 효율적으로 처리할 수 있는 법이다.

• 훈련법 2: 나는 무슨 생각을 하고 있는가?

《마음의 비밀 코드를 깨우다 Awakening the Secret Code of Your Mind》의 저자인 대런 와이즈먼Darren Weissman 박사는 스스로에게 이렇게 질문해 보라고 제안한다. '내가 정말로 (이 부분에 자신이 느끼는 불쾌한 감정을 넣으면 된다)을 선택한 것일까?' 그 대답은 아마도 '그렇지 않아!'일 것이다. 와이즈먼 박사는 이 불편한 감정을 '이상한 포장지로 둘러싸인 선물'이라고 부른다. 이 질문은 뇌의 편도체가 활성화되어 자신이 감정적·정서적으로 불안정한 상태에 있으며 사고의 뇌가 '오프라인' 상태에 있다는 사실을 인식하는 데 도움이 된다.

• 훈련법 3: 나는 지금 나 자신에게 어떤 이야기를 하고 있는가?

과거에 경험한 모욕이나 거절에서 비롯된 부정적인 이야기를 계속 마음속에서 반복하고 있지는 않은가? 어떤 상황이 명확하지 않거나 확실하지 않을 때, 인간의 뇌는 비어있는 공간을 채워서 이야기를 마무리하고 그 상황에 결론을 내리려는 경향이 있다. 예를 들어, 상사나 동료가 찡그린 얼굴로 쳐다보면, 우리는 그 즉시 '나한테 화가 났군'이나 '내가 뭔가 잘못한 게 있나 보네'라고 자신에게 이야기한다. 또는 고객으로부터 별다른 내용 없이 '시간 될 때 전화 주세요'라는 짧은 이메일을 받으면, 뭔가 이슈가 있거나 문제가 발생한 것이 분명하다고 단정해 버린다. 정신없이 바쁜 와중에 회의하자는 연락을 받으면, 곧장 "회의는 왜 하자는 거야? 시간 낭비일 뿐인데"라고 중얼거리다가 순식간에 짜증과 불만이 치솟는다. 이 방법의 핵심은 이처럼 자신에게 들려주는 부정적인 이야기를 검토한 다음 더 나은 이야기로 바꾸는 것이다. 베스트셀러 작가이자 모든 문제에 질문을 던지는 프로세스인 〈더 워크The Work〉를 개발한 바이런 케이티Byron Katie는 자신에게 이렇게 질문해 보라고 제안한다.

- 이것이 사실일까?
- 이것이 사실이라고 100퍼센트 확신할 수 있을까?
- 그 생각을 믿을 때 나는 어떻게 반응할까?
- 그 생각이나 내가 나에게 하는 부정적인 이야기를 믿는다면 어떤 일이 일어날까?
- 그렇게 생각하지 않는다면, 나는 어떤 사람이 될까?

동기가 부여되지 않아 의욕을 잃을 때를 위한 훈련법

명상과 호흡법은 정서적 측면은 물론이고 건강 관점에서도 많은 이점이 있다. 이 두 가지 멘탈 피트니스 운동법은 직장에서 에너지를 회복하고 뇌를 다시 '온라인' 상태로 되돌리고 싶을 때 실천할 수 있다. 특히 호흡법은 업무에 대한 집중력을 높여서 창의력과 문제해결 능력을 향상하는 데 도움이 된다는 점이 과학적으로 입증되었다. 단순히 호흡에 집중하기만 해도 부교감 신경계가 활성화되어 사고의 뇌에는 전원이 들어오는 반면, 감정의 뇌에는 브레이크가 걸려 더 이상 주도권을 행사할 수 없게 된다. 또한 직장에서 짧은 시간 명상을 실천하는 것도 주의를 환기하고 집중력을 되찾는 데 도움이 될 수 있다.

• **훈련법 1: 평온을 들이쉰다**

코로 숨을 들이쉬고 내쉬면서 마음속으로 '평온을 들이쉬고, 평화를 내쉰다'라고 자기 자신에게 말해보자. 이를 통해 지금 하는 말에 주의를 기울이도록 자신의 뇌를 훈련하는 동시에 뇌는 평온함을 인식하게 된다. 이렇게 하면 감정적 혼란을 일으킨 일에서 주의를 돌리는 데 도움이 되며, 머릿속에서 그 일을 반복 재생하며 악순환에 빠져서 감정적으로 무너지는 현상을 방지할 수 있다. 나는 '브레인 오프' 모드에서 감정적으로 반응하는 내 모습을 발견할 때마다 이 호흡법을 10~15회 반복한다. 가끔은 '평화'라는 단어 대신에 '기쁨'을 사용하기도 한다. 자신에게 편안하고 행복한 기분을 안겨주기만 한다면 어떤 단어든 괜찮다고 생각한다. 이 방법에 익숙해지면, 심화 버전을 시도해보는 것도 좋다. 숨을 들이쉴 때보다 내쉴 때 몇 초 더 길게 호흡하면서 같은 문구를 반복하는 것이다. 이는 신경계를 진정시키고 사고의 뇌를 '온라인' 상태로 되돌리는 간단하면서도 매우 효과적인 방법이다.

• **훈련법 2: 천천히 세 번 심호흡한다**

첫 번째 호흡에서는 머릿속을 가득 채운 온갖 잡생각을 떠나보낸다. 두 번째 호흡에서는 온몸의 긴장을 풀고 긴장감을 풀어낸다. 마지막 세 번째 호흡에서는 사랑하는 사람이나 반려동물과 같이 자신을 미소 짓게 만드는 존재를 떠올리며, 그들에게 평온함이 깃들기를 마음속으로 기원한다.

• **훈련법 3: 4단계 '상자' 호흡법을 따른다**

이 방법은 매우 간단하지만 놀라운 효과가 있다 보니 많은 사람이 선호하는 호흡법이다. 특히 스트레스를 줄여주는 동시에 업무성과와 집중력을 높여준다. 실제로 운동선수부터 경찰관까지 많은 이들이 이 4단계 4초 호흡법을 실천하고 있다.

1단계: 코로 4초간 숨을 들이쉰다.
2단계: 숨을 멈추고 폐에 든 공기를 4초간 유지한다.
3단계: 코로 4초간 숨을 내쉰다.
4단계: 숨을 멈추고 폐가 빈 상태를 4초간 유지한다.

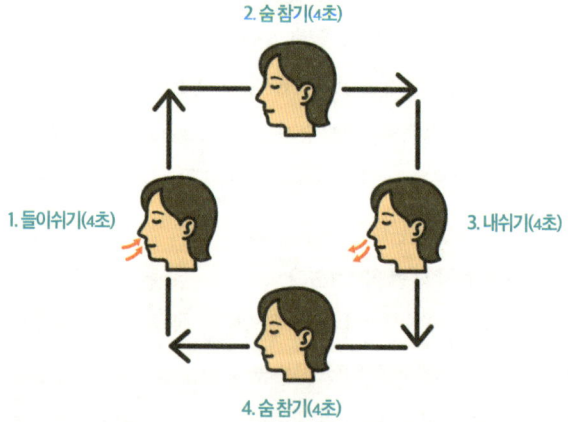

• **훈련법 4: 자기 몸을 살핀다**

이 방법은 사무실에서 앉아서 일할 때는 물론이고 공원 벤치에 앉아있을 때나 비행기에 타서 이륙하기를 기다릴 때도 실천할 수 있다. 앉아서 하는 명상은 완전히 지쳐 책상에 쓰러지기 전에 에너지를 재충전하는 데 많은 도움이 된다. 다음에 소개하는 명상 단계는 제니스 마투라노Janice Marturano의 저서 《생각의 판을 뒤집어라》에서 발췌한 내용이다.

* 우선 호흡의 감각에 주의를 기울이는 것부터 시작한다.
* 준비되면, 주의를 발바닥으로 옮겨서 그곳에서 느껴지는 모든 감각에 마음을 연다.
* 아마도 다리의 무게가 실리면서 발바닥에 가해지는 압력을 느끼고 있을지도 모른다. 발바닥이 따뜻하거나 차갑게 느껴질 수도 있다.
* 그저 느끼기만 하면 된다. 판단하거나 산만한 생각에 빠질 필요는 없다. 만약 마음이 다른 곳으로 향하거나 방황한다면, 부드럽지만 단호하게 주의를 제자리로 돌린다.
* 이제 발바닥에서 출발해 발등, 발목, 종아리, 무릎 등으로 천천히 주의를 옮겨간다.
* 이렇게 몸 전체를 천천히 훑어가면서 감각을 인식하고 자기 몸에서 불편한 부분이나 아무 감각이 느껴지지 않는 부분을 알아차리면 된다. 억지로 감각을 찾아다닐 필요는 없다. 그저 몸 전체를 살피면서 천천히 그 자리에서 느끼는

감각에 마음을 열면 된다.

어려운 인간관계를 위한 훈련법

지금까지 소개한 운동법은 모두 내면의 문제를 관리하기 위해 감정을 조절하는 데 초점이 맞춰져 있다. 하지만 직장 생활은 결국 고객, 동료, 상사 등 직장이라는 공간에서 활동하는 인간 사이의 외부적인 상호작용이 핵심이다. 최근에 독자 여러분의 사고의 뇌를 흐트러뜨렸던 외적 장애물이 무엇이었는지 생각해 보자. 이미 과중한 업무에 허덕이는데 이메일로 또 다른 일을 요청받고 불만이 폭발한 적이 있는가? 다른 사람이 내가 원하던 프로젝트를 담당하거나 나 대신 승진하게 되면서 크게 좌절하거나 피해의식을 갖게 된 적이 있는가? 혹은 담당 직무에 영향을 미치는 중요한 회의에서 배제되어 우울했던 적이 있는가? 때로는 정말 힘든 하루를 보내던 동료가 날카로운 말투나 높은 목소리로 반응하는 것만으로도 충분하다. 이와 같은 부정적인 감정은 전염성이 매우 강하다 보니 우리 자신과는 직접적인 연관이 없어도 우리가 보내는 하루에 영향을 미칠 수 있다.

- **훈련법 1: 잠시 멈춘다**

이러한 상황에서 자신이 '선 아래'에서 작동하고 있다는 것을 깨달았을 때 취해야 하는 첫 번째 단계는 잠시 멈출 의지를 갖는 것이다. 나는 철학자 빅터 프랭클Viktor Frankl이 남긴 말을 떠올린다. '자극과 반응 사이에는 공간이 있다. 그리고 그 공간 속에 우리의 힘과 자유가 존재한다.' 또한 《EQ 감성지능》의 저자 대니얼 골먼Daniel Goleman이 언젠가 어느 교육 과정에서 성숙함의 정의는 반응하기 전에 멈춘 시간의 길이라고 말하는 것을 들은 기억이 있다. 나는 감정적 성숙은 평생에 걸친 여정이자 가장 큰 보상이 따르는 여정이라고 믿고 있다.

• 훈련법 2: RAIN을 실천한다

상사, 팀원, 고객 등 다른 누군가의 반응에 다시 부정적으로 반응하는 자신을 발견할 때 내가 가장 자주 의지하는 방법 가운데 하나는 타라 브랙이 만든 RAIN 기법이다. 브랙은 저명한 명상 지도자이자 심리학자이며 《끌어안음》을 포함한 여러 도서의 저자다. RAIN은 다음 네 단계에서 핵심이 되는 네 단어의 머리글자를 딴 약자다.

- 무슨 일이 일어나고 있는지 인식한다Recognize.
- 경험을 있는 그대로 수용하고Accept 허용한다Allow.
- 관심과 배려를 가지고 탐구한다Investigate.
- 자기 연민으로 돌본다Nurture.

1. **인식하기**Recognize: 무슨 일이 일어나고 있는지 알아차리는 것이다. 이번 장에서 이미 언급했듯이, 여기서 핵심은 자신이 지금 느끼고 있는 감정을 가능한 한 구체적으로 명명하는 것이다.

2. **허용하기**Allow·**수용하기**Accept: 경험한 감정을 있는 그대로 인정하고 받아들이는 것이다. 그리고 이는 사실 매우 중요하지만 많은 사람이 간과하는 단계다. 어떤 상황을 있는 그대로 받아들이는 '수용'은 매우 중요하다. 그렇지 않으면 자신의 반응에 계속 끌려다니게 되기 때문이다. '저항하는 것은 지속된다'라는 표현이 정확하게 들어맞는 지점이다. 부정적 반응이 남긴 감정적 잔해에서 벗어나고 싶다면 수용이 자연스럽게 일어나도록 허용해야 한다.
3. **탐구하기**Investigate: 현재 상황에서 느끼는 고통이 어디에서 비롯되는지 이해하는 것이다. 어느 정도는 탐정처럼 부정적인 감정이나 생각, 느낌이 어디에서 오는지 알아내기 위해 노력해야 한다.
4. **돌보기**Nurture: 자기 자신과 타인 모두에게 연민을 가지고 돌보는 것이다. 이를 위해 나는 앞서 소개한 호흡법을 잠시 실천하거나, 일기를 쓰거나 가볍게 산책하기도 한다.

솔직히 말해서, 나는 직장에서 겪는 온갖 감정적 장애물 때문에 RAIN 기법을 매일같이 실천하고 있다. 특히 내 감정을 알아차리는 데 있어 말로 표현할 때가 가장 효과적임을 잘 알고 있다. "정말 짜증 나고 답답해." "아, 그 결정에 정말 실망했어." "이놈의 이메일 때문에 너무 화가 나." 혹은 목이 뻣뻣해지거나 어깨가 뭉치고, 아니면 스트레스로 인해 복통이나 두통이 생길 때도 나는 내가 느끼는 감정을 인식한 다음 더 주의를 기울인다. 내가 편도체 활성화로 인해 감정적으로 불안한 상태이며 내 사고의 뇌가 현재 '오프라인' 상태라는 사실을 내게 알려주는 이와 같은 신호를 알아차리고 더 주의를 기울이도록 뇌를 훈련해 왔기 때문이다.

나에게 RAIN 기법 중 가장 어려운 요소는 바로 허용하기와 수용하기다. 많은 사람들처럼, 나 역시 감정을 억누르거나 행복한 척하는 성향이 강한 편이다. 그러나 시간이 지나면서 이런 태도가 건강뿐 아니라 생산성에도 상당한 영향을 미친다는 것을 알게 되었다. 기업 임원진 마인드 리더십 연구소의 창립 이사인 제레미 헌터Jeremy Hunter는 내가 이러한 개념의 중요성을 깨닫는 데 정말 큰 도움이 된 말을 남겼다. '수용하기는 고통과 괴로움, 분노와 반추를 줄이는 열쇠다.' 내가 이룬 성과를 지나치게 면밀히 들여다보는 듯할 때도, 나는 그저 한숨을 내쉬며 당황스러운 감정을 있는 그대로 받아들였다. 그 감정을 쉽게 무시해 버리지 않고 상황을 받아들인 것이다. 특히 내가 실수를 저질렀을 때는 더욱 그랬다. 머릿속에서 그 상황을 계속 떠올리고 다시 경험한다고 해서 얻을 수 있는 결과는 내가 느끼는 고통만 더 오래 지속되는 것뿐이기 때문이다.

반면, 탐구하기는 RAIN에서 내가 가장 좋아하는 부분이다. 나는 따뜻한 호기심이 가득한 탐정이 되어 무슨 일이 일어나고 있는지, 그리고 내가 왜 이러한 감정을 느끼는지 알아내기 위해 노력하는 것을 좋아한다. 이렇게 하면 직장 동료와 별다른 의미 없이 나눈 대화에 관해 내가 갖게 된 생각이 얼마나 비합리적이었는지 알 수 있기 때문이다. 혹은 그 상황과 관련하여 내가 직접 만들어낸 이야기를 얼마나 많이 덧붙이고 믿고 있었는지도 알게 되기 때문이다. 이는 그동안 내가 의미 없는 대화를 마치고 한 시간 정도 지나면 턱이나 주먹에 힘이 들어간 것 같다고 느낀 이유나, 혹은 두통이 생기거나 진이 다 빠진 것처럼 느낀 이유를 설명해 줄 것이다. 이처럼 통찰력 있는 깨어있음 덕분에 나는 뇌와 몸은 물론이고 직장에서 상사, 팀, 그리고 고객과 더 건강한 관계를 구축하고 유지해 왔다. 진정한 윈윈이라고 할 수 있다.

돌보기에는 자기 용서self-kindness가 필요하지만, 많은 사람이 자기 자신에게 친절하게 대하고 스스로 용서하는 일을 어려워한다. 그리고 나 역시 그렇다. 결국 나 자신에게 내가 가장 가혹한 적이 될 수 있는 것이다! 이처럼 내가 부정적인 자기 대화self-talk에 빠지면 나는 스스로에게 묻는다. '내 아이나 친구처럼 사랑하는 이들에게도 그렇게 이야기할 것인가?' 자, 만약 사랑하는 이들이 독자 여러분과 같은 실수를 한다면 그렇게 대할 것인가? 그럴 리가 없다. 독자 여러분은 자신이 사랑하는 이들에게 이렇게 말할 것이다. "괜찮아, 너무 걱정하지 마." 그런 다음에는 그들에게 친절과 연민을 듬뿍 쏟아부을 것이다. 우리가 스스로와 타인에게 연민의 마음을 전하는 것은 우리 모두를 연결하는 인간다운 모습이다. 우리 자신과 다른 사람을 연결하는 돌봄 문구로 내가 종종 사용하는 표현을 몇 가지 소개한다.

- 나는 행복해지고 싶으며, 다른 사람도 마찬가지다.
- 나는 건강해지고 싶으며, 다른 사람도 마찬가지다.
- 나는 가끔 눈물을 흘리며, 다른 사람도 마찬가지다.
- 나는 가끔 아프며, 다른 사람도 마찬가지다.
- 나는 최선을 다하고 있으며, 다른 사람도 마찬가지다.

마지막 운동법: 자신의 뇌에 감사하기

직장에서 매일 실천할 수 있으며 하루가 끝나가는 시점에도 내일을 위한 에너지가 완전히 충전된 상태를 유지할 수 있는 마지막 뇌 운동법은 바로 그날 자신의 뇌가 얼마나 좋은 성과를 냈는지에 감사하는 것이다. 오늘 일과를 마무리하고 심지어 밤에 깊이 잠들 수 있음에 감사하는 마음을 갖는 것보다 더 좋은 방법은 없다.

만약 오늘 하루가 생각대로 흘러가지 않았다면, 톰 래스의 저서 《인생에서 가장 위대한 질문》에서 나온 이야기를 떠올려 보기를 바란다. '직장에서 뭔가 어려움을 겪거나 힘든 하루를 보냈다면, 지난 하루 또는 일주일을 재구성해 보자. 그러면서 시간과 에너지를 투자한다는 측면에서 가다듬을 수 있는 일을 찾아보기를 바란다. 이때 매 순간을 어떻게 활용하면 직장 동료나 고객에게 더 많은 가치를 제공할 수 있는지 생각하자. 이제 우리는 실질적인 일상 속 행동과 목적을 더 잘 연결할 수 있어야 한다.'

긍정 심리학 연구에 따르면, 감사와 행복 사이에는 한결같이 강력한 연관성이 존재한다. 이는 감사하는 마음 덕분에 사람들이 더 긍정적인 감정을 느끼고 좋은 경험을 즐기며 건강을 개선하는 것은 물론이고, 역경을 헤쳐나가고 강력한 인간관계를 형성할 수 있기 때문이다. 게다가 감사하는 마음을 갖는 일은 전혀 어렵지 않다. 긍정 심리학의 아버지로 알려진 심리학자 마틴 셀리그먼Martin Seligman은 다음과 같이 언제 어디서나 실천할 수 있으면서도 의미 있는 실천 방법을 개발했다.

매일 밤 잠자리에 들기 전에:
1. 오늘 있었던 좋은 일을 세 가지 떠올려 본다.
2. 그리고 종이에 적어본다.
3. 그다음 그런 일이 왜 일어났는지 (그리고 어떤 기분이 들었는지) 돌아본다.

사실 나는 이 뇌 운동법을 꾸준히 실천하고 습관으로 만드는 데 상당한 시간이 걸렸다. 하지만 그만큼 노력할 가치는 충분했다. 이를 통해 내 삶이 더 나은 방향으로 바뀌었을 뿐만 아니라 언제든 과거로 돌아가 수많은 멋진 순간을 떠올릴 수 있게 되었기 때문이다. 이처럼 감사하는 마음은 긍정적인 감정을 불러일으키며, '브레인 온!' 상태에 있다고 느끼게 된다. 《온몸으로 말하는 예스The full Body Yes》의 저자 스콧 슈트Scott Shute에 따르면, 감사하는 마음에는 초능력이 있다. 나도 전적으로 동의한다.

8장

'브레인 온' 상태인데, 왜 성과는 안 나지?

온디맨드 브레인 부스터

아침 일찍 상쾌한 기분으로 직장으로 향한다. 새로 시작한 프로젝트에 몰두하려고 오늘 일정은 이미 비워두었으며 이메일이나 문자 메시지 알림 같은 방해 요인도 전부 제거했다. 마음은 차분하고 머리는 이성적이다. 감정적으로 불안정한 느낌도 전혀 없다. '브레인 온!' 상태임이 분명하다. 그런데 왜 이럴까? 일을 시작할 에너지가 좀처럼 생기지 않는다. 왠지 모르게 기분이 착 가라앉은 느낌이다. 이제 막 하루를 시작했는데도 낮잠이라도 자고 싶은 충동이 든다. 커피를 세 잔이나 마셨는데도 한낮의 나른한 기분을 떨쳐낼 수 없다. 이게 어떻게 된 일일까?

직장에서 에너지 충만한 하루를 보내기 위한 두 단계가 있다는 이야기를 기억할 것이다. 첫 단계는 자신이 '브레인 온!' 상태에 있는지, 그리고 사고의 뇌가 계속해서 자신의 감정을 안정적으로 조절하고 명확하게 생각하고 있는지 확인하는 것이다. 이는 모두 7장에서 다룬 내용으로, 특히 직장에서 하루를 보내면서 자신이 '선 위'에서 (즉 열린 마음으로 호기심을 발휘하며 경청하고 신뢰하는 자세로) 일하고 있는지 수시로 진단하는 것이 중요하다. 다음 두 번째 단계는 자기 뇌의 배터리를 항상 충전된 상태로 유지함으로써 '에너자이저' 모드로 진입하는 것이다. 이때 목표는 온종일 뇌의 에너지를 높은 수준에서 유지해 일과가 끝나갈 즈음에도 아침만큼 에너지 가득한 상태를 유지하는 것이다.

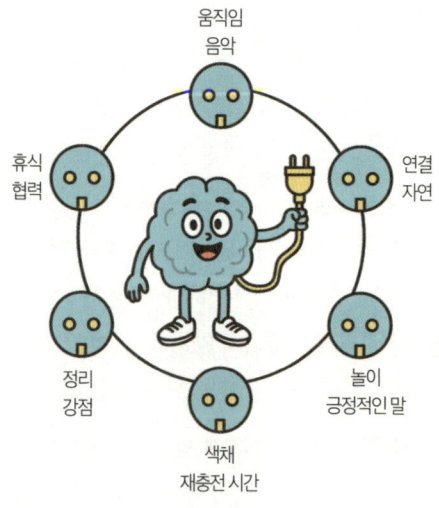

브레인 부스터

나는 직장에서 뇌의 에너지 수준을 끌어올리면 정신적 웰빙 수준까지도 높일 수 있다고 믿으며, 실제로 그런 사례를 수없이 목격했다. 매일 자신의 뇌가 작동을 멈추도록 내버려두면, 기분이 급격히 나빠지기 시작해서 결국 그날 저녁 시간을 망칠 뿐만 아니라 심지어 며칠 동안 그런 기분이 뇌리를 떠나지 않을 수도 있다. 반면, 그날 아침에 일과를 시작했을 때만큼이나 혹은 그 이상의 에너지와 함께 일터를 나서 집으로 향한다면, 친구와 가족을 포함하여 인생의 모든 영역에서 에너지를 불어넣는 긍정적인 선순환 구조가 완성된다.

우리의 몸과 마찬가지로 우리 뇌에도 강력하고 에너지 넘치는 상태를 유지하는 데 필요한 일상적인 필수 요소들이 있다. 앞서 우리는 이미 뇌에 필요한 인지적 필수 요소로서 뇌가 집중력을 유지할 수 있도록 강점 기반의 목표를 설정하는 방법 등을 다뤘다. 호흡이나 명상, RAIN과 같은 멘탈 피트니스 운동은 자기 인식 수준을 높이고 사고의 뇌를 활성화된 상태로 유지하는 데 큰 도움이 된다. 이제 마지막 일상적인 필수 요소로서 이른바 브레인 부스터brain booster를 소개한다. 브레인 부스터는 우리가 직장에서 하루를 보내는 동안 수시로 브레인 파워를 재충전하고 불꽃 튀는 열정을 제공할 수 있는 에너지 관리 기법이다.

브레인 부스터 제1호

성공을 위해 휴식하기

네 시간만 자고 버티면서 슈퍼히어로처럼 일하는 시대는 끝났다. 컴퓨터 화면 앞에서 열 시간 동안 꼼짝하지 않고 앉아있으며 눈과 뇌에 아무런 휴식을 주지 않는 시대도 끝났기는 마찬가지다. 인간의 뇌는 휴식과 회복할 시간이 필요하다. 수면 부족이 고혈압, 당뇨, 비만, 불안, 우울, 면역 기능 저하 등 각종 질병의 발병률을 높인다는 연구 결과는 쉽게 찾을 수 있다. 휴식이 부족하면 짜증이 잘 나고 주의가 산만해지며, 건망증이 심해지고 쉽게 지치다 결국 '브레인 오프' 상태가 된다. 숙면은 뇌 기능뿐만 아니라 감정 조절에도 매우 중요하다. 심지어 20분 정도의 짧은 낮잠도 뇌의 에너지 수준을 끌어올릴 수 있다.

브레인 부스터 제2호

자주 움직이기

몸을 움직이면 기분이 좋아지고 활력이 느껴지며 생산성이 향상된다. 30분 이상 앉아만 있으면 신체 기능에 변화가 생긴다. 대략 30분마다 자리에서 일어나 움직이면 사고력이나 창의력, 인지 능력에 도움이 된다는 것은 과학적으로 입증된 사실이다. 대부분 직장 생활이 그렇듯, 30분마다 일어나기 어렵다면 적어도 한 시간에 한 번씩 5분 동안 서서 일하거나 사무실을 돌아다니거나 스트레칭하는 것을 목표로 삼아보자. 이마저도 어려울 때는 적어도 높낮이 조절이 가능해 서서도 일할 수 있는 책상을 마련하거나, 전화 통화를 하면서라도 한 시간에 최소 15분씩 서 있는 것을 목표로 해야 한다.

브레인 부스터 제3호

타인과 연결되기

다른 사람들과 연결되어 소통하는 것은 뉴로리더십 연구소의 CEO 데이비드 록 박사와 마음보기 연구소Mindsight Institute의 대표이자 UCLA 의과대학의 임상교수인 대니얼 시걸 박사가 함께 만든 '건강한 마음 접시The Healthy Mind Platter'에 차려진 정신적 영양소 중 하나다. 록 박사와 시걸 박사에 따르면, 다른 사람과 연결될 때 우리 뇌 속 신경 회로가 크게 활성화되고 발달한다. 하루 중에 짧지만 의미 있는 연결과 소통을 위한 시간을 만들어보자. 직장에서는 함께 일하기 좋은 동료를 찾아가 잠시 함께 시간을 보내면 된다. 아니면 배우자나 친구에게 전화를 걸어 몇 분 동안 서로의 안부를 전하는 것도 괜찮다.

브레인 부스터 제4호

더 많이 놀기

직장에서 보내는 일상에 놀이를 접목하는 것은 전혀 사소한 일이 아니다. 즉흥적이면서 창의적인 활동은 뇌 속에 새로운 연결을 만들어내며 우리가 피로, 스트레스, 번아웃 등에 맞서 싸울 수 있게 한다. 직장 생활에 놀이를 접목하는 손쉬운 방법은 바로 웃는 것이다. 웃음은 뇌에서 엔도르핀과 도파민 분비를 촉진해 혈액 순환을 강화하고 근육 이완에 도움이 된다. 〈뉴욕 타임스〉에서 선정한 베스트셀러 작가로 각종 수상 경력을 자랑하는 다니엘 핑크Daniel Pink는 자신의 저서 《새로운 미래가 온다》에서 이렇게 강조한다. '이제는 유머를 단순한 오락의 지위에서 구해낼 시점이다. 유머는 컴퓨터에 의해 대체될 수 없으며, 하이컨셉·하이터치 시대에 점점 가치를 더해가는 정교하면서도 특별한 인간의 능력임을 깨달아야 한다.'

직장 동료와 재미있는 일화를 공유하거나 함께한 즐거운 추억을 이야기하는 것만으로도 직장 생활에 꼭 필요한 유머는 더하고 스트레스는 빼는 데 큰 도움이 된다. 나는 거의 모든 프레젠테이션을 시작하면서 청중이 긴장을 풀고 새로운 주제에 관해 창의적으로 생각할 수 있도록 유머러스한 발언이나 이미지를 활용한다. 한편, 놀이는 단순히 새로운 것을 소개해서 머릿속에 있는 잡념을 털어내는 것을 의미하기도 한다. 우리 뇌는 뭔가 새롭고 참신한 것을 접할 때 에너지를 얻는다. 낱말 맞추기나 스도쿠,

단순한 온라인 게임, 두뇌 자극 퀴즈처럼 간단한 놀이를 매일 즐기며 에너지를 충전하고 활력을 되찾을 수 있다. 다만, 5분만 하려던 게임이 어느새 50분으로 늘어나는 중독성 강한 놀이는 피해야 한다.

브레인 부스터 제5호

재충전 시간 계획하기

앞서 6장에서 제시한 '에너지 넘치는 하루를 위한 여섯 가지 전략' 가운데 하나가 바로 휴식이다. 나는 이번 장에서 11가지 브레인 부스터를 소개하면서 타임아웃, 즉 휴식 시간을 갖는 이점을 다시 한번 강조하고 싶다. 휴식은 브레인 부스터가 필요한 모든 순간에 우리 뇌 속 에너지와 집중력을 끌어올리기 때문이다. 자기 자신에게 가장 쉽게 줄 수 있는 데다 몸과 마음, 그리고 뇌에도 좋은 휴식 시간을 소개하겠다. 바로 매시간 자리에서 일어나 물병에 따뜻한 물을 다시 채우거나 허브차를 한 잔 준비하는 것이다.

브레인 부스터 제6호

동기부여를 위해 협력하기

앞서 5장에서는 '에너자이저' 모드를 유지하기 위해 매일 자신의 강점을 업무에 반영하는 과정과 그 중요성을 살펴보았다. 이렇게 자신의 강점에 따라 준비한 프로젝트를 추진할 때, 때로는 동료와 협업하는 과정을 통해 더 강력하게 동기가 부여될 수 있다. 내 경우를 보면, 새로운 아이디어를 써 내려가거나 새로운 프레임워크를 만드는 일에 집중할 때의 나는 미래지향적 시각으로 창의적인 생각을 제시하고 이를 최대한 활용하는 내 강점과 어울리는 모습을 하고 있다. 그러나 자리에 앉아 세부 사항을 하나하나 적으려고만 하면 나는 그 순간 가지고 있는 모든 의욕과 에너지를 잃는다. 그리고 그 작업은 지루하고 괴로운 일이 되고 만다. 왜 그럴까? 바로 내 강점의 기저에는 소통과 맥락이 자리하고 있기 때문이다. 이러한 요소가 빠진 채 일하는 것은 마치 폭풍이 몰아치는 가운데 강을 거슬러 헤엄치는 것과 같다. 실제로 나는 이 책을 집필하며 함께 일한 작가 멜린다 크로스Melinda Cross처럼 소통과 맥락에 강점이 있는 사람과 협력할 때 훨씬 더 활력이 넘치고 행복한 기분이 든다는 사실을 알게 되었다.

브레인 부스터 제7호

기분이 좋아지는 음악 듣기

음악은 생산성을 높이고 인지 수행 능력을 개선하며 기분을 좋게 만드는 효과가 있다고 입증되었다. 음악 치료사에게 물어보면 쉽게 알 수 있다. 음악을 들으면 불안을 다스리고 동기를 부여하는 데 도움이 될 수 있다. 이때 핵심은 에너지 수준이 낮은 경우에는 템포가 느린 음악부터 시작하는 것이다. 그다음 음악의 템포를 점점 더 높이면 된다. 한편 가사는 집중력을 방해하는 요인으로 작용할 수 있어, 가사가 거의 없거나 아예 없는 곡을 선택하는 편이 바람직하다. 나는 이 책을 집필하는 과정에서 여러 페이지를 편집하고 수정할 때마다 비디오 게임용 음악이 내 뇌를 자극하고 활력을 불어넣는다는 것을 알게 되었다.

브레인 부스터 제8호

자연 속에 있기

연구에 따르면, 자연 속 또는 자연 주변에서 일하면 집중력과 생산성을 높이는 데 도움이 된다. 실제로 *바이오필리아biophilia는 업무 공간에 자연적인 요소를 통합하는 인테리어 콘셉트로

• 바이오필리아biophilia : 인간이 자연을 대상으로 갖는 선천적인 애착

응용되는 등, 단지 기분 개선만이 아니라 업무 생산성을 높이는 효과적인 전략으로 주목받고 있다. 직장에서도 가능하면 잠시 밖으로 나가 산책하면서 나무나 꽃, 풀, 햇살을 감상해 보자. 그게 힘들면 적어도 일하거나 회의하는 시간에 기분 좋은 풍경이 보이는 창가 자리에 앉아 시간을 보내면 된다. 그도 아니라면 책상 위에 식물을 두거나 적어도 컴퓨터의 화면 보호기로 아름다운 풍경을 설정해 두는 것도 좋은 생각이다.

브레인 부스터 제9호

긍정적인 말을 하기

말을 바꾸면 에너지도 바꿀 수 있다. 올바른 말을 사용하면 에너지 수준을 높이고 더 큰 농기를 부여할 수 있다. 부정적인 자기 대화나 스스로 깎아내리는 말을 인식하고 멈추려 노력해야 한다. 사무실 책상이나 벽에 긍정적인 영감을 불러일으키는 문구를 붙여두는 것도 도움이 된다. 다른 사람과 대화할 때는 긍정적인 형용사와 함께 반응해 보자. '좋아요'나 '훌륭해요' '고마워요'처럼 단어 하나도 괜찮다. 특히 에너지가 낮다고 느끼는 날에는 부정적인 뉴스나 소셜 미디어에 떠도는 소문을 피하는 대신 세상을 긍정적으로 보는 친구나 동료들과 전략적으로 어울리는 것이 바람직하다. 그러면 이들이 발산하는 긍정적인 에너지를 받아들여 자신의 에너지 수준을 끌어올릴 수 있을 것이다.

브레인 부스터 제10호

색채 더하기

나는 집이나 회사 사무실 벽을 밝은색으로 꾸미는 생각을 언제나 환영했다. 그러던 어느 날 색깔이 생산성과 창의력을 높인다는 연구를 알게 되었을 때 내 성향을 이해할 수 있었다. 사무실에 흰색이나 회색, 베이지색이 너무 많으면 삭막하거나 우울하게 느껴질 수 있다. 특히 겨울철에 햇빛을 많이 볼 수 없는 지역에서는 더욱 그렇다. 그러다 보니 색채 심리학자들이 기업의 의뢰를 받고 사무실에 특정한 분위기를 조성하기 적합한 색깔을 제안하는 일도 흔하다. 예를 들어, 주황색은 활력 넘치는 분위기를, 노란색은 긍정적인 분위기를, 초록색은 조화로운 분위기를, 그리고 파란색은 편안한 분위기를 위한 색깔이다. 더 간단하게는 자신의 사무 공간에 원하는 색깔을 더해서 브레인 부스터 효과를 노릴 수도 있다. 아담한 예술 작품, 투명한 꽃병에 든 형형색색의 돌(당연히 식물과 함께!), 심지어 밝은색 틀로 둘러싸인 작은 액자 하나도 볼 때마다 뇌에 에너지를 더할 수 있다.

브레인 부스터 제11호

어수선한 곳 정리하기

'어수선한 책상은 어수선한 마음을 보여준다'라는 말을 들어본 적이 있을 것이다. 연구에 따르면, 책상에 쌓여있는 서류 더미 정도는 괜찮다고 생각하는 사람의 뇌조차도 본래 질서를 선호한다. 시각적으로 혼란스러운 환경은 집중력을 저해할 수 있기 때문이다. 프린스턴대학교 신경과학 연구소 Princeton University Neuroscience Institute에 따르면, 사무실에서 어수선한 곳을 정리하다 보면 정보 처리 능력이 향상되고 이는 생산성 향상으로 이어진다.

일일 에너지 충전 계획

이상에서 소개한 11가지 방법은 실제로 내가 매일 뇌 에너지를 관리하는 데 상당한 도움이 된다. 독자 여러분과 마찬가지로 나도 직장에서는 바쁜 업무 일정 때문에, 그리고 우리 가족에게는 정신없이 이착륙하는 비행기를 통제하는 항공 교통 관제사와 같은 노릇을 하느라 정작 뇌가 필요로 하는 자기 관리와 에너지 충전을 놓치는 날도 심심찮게 있다. 그리고 바로 그때가 문제가 시작되는 순간이다. 직장에서는 동료들에게 까칠하게 대하고, 집으로 돌아와서는 배우자와 아이들에게 차갑게 굴어 심지어 우리 집 강아지조차 나를 슬슬 피해 다닌다.

> 💡 **브레인 체크** 이제 다 함께 모아서 보자. 잠시 시간을 내어 이 11가지 브레인 부스터를 직장에서 보내는 자신의 일상에 어떻게 반영할 수 있을지 생각한 다음 종이에 적어보자.

- 휴식
- 움직임
- 연결
- 음악
- 자연
- 긍정적인 말
- 놀이
- 재충전 시간
- 협력
- 색채
- 정리

나만의 브레인 부스터 활용 전략

_____
_____
_____

에너지 넘치는 마음을 위한 특별한 비법은 없다. 사람마다 각자 개성이 다른 데다 그날 집중하는 일과 마주하는 어려움에 따라 달라지기 때문이다. 여기서 핵심은 직장에서 하루를 보내면서 자신이 '브레인 온!' 상태를 유지하고 있는지뿐만 아니라, 하루 중 여러 시점에서 자신의 뇌 속 배터리가 완전히 충전된 상태인지 수시로 점검하는 일이 중요하다는 것이다. 만약 그렇게 하지 못한 결과 활력이 떨어지거나 에너지가 고갈된다고 느낀다면, 이 11가지 브레인 부스터 중 하나를 활용하여 배터리를 재충전하는 습관을 들일 것을 권한다. 그렇게 해야만 매일 하루를 시작할 때보다 더 좋은 기분으로 일과를 마무리하고, 하루가 끝날 때도 '에너자이저' 모드를 유지할 수 있기 때문이다.

이 아이디어를 즐겁게 활용하는 한 가지 방법은 자신의 에너지 수준이 언제 떨어지는지, 그리고 무엇이 진정으로 자신에게 에너지를 되찾아 주는지를 매일 되돌아보는 것이다. 내 경우에는, 만약 에너지가 낮은 상태에서 하루를 시작한다면 이는 내가 전날 밤에 잠을 잘 못 잤음을 의미한다. 그리고 그 유일한 해결책은 20분 정도 낮잠을 자거나 명상하는 시간을 일정에 반영하는 것이다. 그러다 오후 2시쯤 일이 늘어지는 순간이 찾아오면, 나는 자리에서 일어나 스트레칭하거나 시간이 되면 밖으로 나가 산책해야 한다는 것을 알고 있다. 혹시 비가 오는 날이면 마찬가지로 자리에서 일어나 내가 가장 좋아하는 음악을 튼다. 여기서 중요한 점은 자신에게 맞는 다양한 조합이 존재한다는 것이다. 그리고 시간이 지나면서 독자 여러분도 자신에게 가장 효과적인 브레인 부스터를 활용할 수 있도록 뇌를 훈련할 수 있으며, 이처럼 중요한 습관을 직장에서 매일 맞이하는 일상에 집어넣을 수 있게 된다는 것이다.

2부의 하이라이트 장면

2부에서는 '브레인 온!' 상태를 유지하고 '에너자이저' 모드로 하루를 보내기 위한 다양한 멘탈 피트니스 운동법을 소개했다. 이른 아침이든, 점심을 먹고 나서든, 아니면 오후 휴식 시간이든 상관없이 2부에서 배운 내용을 빠르게 돌아볼 수 있도록 다음과 같이 정리했다.

- 결국 가장 중요한 관계는 우리가 자기 뇌와 맺고 있는 관계다. 뇌의 반응을 조절하고 뇌를 건강한 상태로 이끄는 것이 긍정적이고 만족스러운 하루를 담보하기 때문이다.
- '에너자이저' 모드로 하루를 보내기 위해 자신의 뇌를 관리하는 핵심 요소 두 가지가 있다. 첫째, 강점 기반의 목표를 설정하고 우선순위를 정한 다음 이를 실행한다. 둘째, 자신의 뇌가 가지고 있는 에너지를 관리해야 한다.
- '무엇'을 달성하느냐만큼 그 목표를 '어떻게' 달성하느냐도 중요하다. 목표를 달성하는 과정에서 스트레스와 번아웃을 피하고자 뇌가 보이는 감정 반응을 조절하는 것이 바로 웰빙의 핵심이자 열쇠다.
- 멘탈 피트니스 운동의 핵심 목표는 '브레인 온!' 상태를 유지하고 '에너자이저' 모드에 도달한 뒤, 이를 지속함으로써 직장에서 강점 기반의 목표를 달성하는 데 필요한 브레인 파워와 동기를 갖추는 것이다.

- 강점 기반의 목표를 알고 나면 꾸준히 동기가 부여될 수 있다. 하지만 우리는 자신의 강점과 목표를 연계하는 방법을 배우지 못했고, 시간을 들여 이를 실천하지도 않았다.
- 매일매일 장애물은 나타나기 마련임을 받아들여야 한다. 이 사실을 알고 받아들이는 것만으로도 자신의 뇌가 기능을 멈추기 시작하고 에너지가 고갈된다는 느낌이 들 때 스스로를 탓하지 않는 데 큰 도움이 된다.
- 직장에서 사고의 뇌가 담당하는 주요 기능은 우리가 최적의 성과를 내면서 계속 일할 수 있게 하는 것이다. 감정의 뇌가 자동 조종 모드로 전환되어 사고의 뇌보다 우위에 있으면, 직장에서 좋은 성과를 내기 불가능하지는 않더라도 매우 어려워진다.
- '브레인 오프' 상태를 촉발하는 요인을 인식하기 위해 주의를 기울여야 한다. 대부분의 사람은 자신의 뇌가 '오프라인' 상태로 전환되고 있으며, 간단한 방법으로 뇌를 정상 궤도로 되돌려야 할 때임을 알 수 있는 세 가지 신호를 경험한다. 바로 1) 감정적으로 불안정해지고, 2) 의욕을 잃으며, 3) 직장에서 상사나 팀, 고객과의 관계가 어려워지는 것이다.
- 11가지 브레인 부스터를 활용한 자기 관리를 매우 중요하게 생각해야 한다. 충분한 휴식, 자연, 음악, 놀이, 연결 등을 하루의 계획에 적극적으로 반영하면 뇌의 에너지가 떨어지고 소진된다고 느낄 때 이를 회복할 수 있다.

다시 한번 축하할 시간이다. 이 긴 글을 여기까지 읽었다면, 직장에서 '브레인 온!' 상태를 유지한다는 것이 어떤 의미인지 충분히 이해했다는 뜻이다. 그리고 직장에서 보내는 하루를 성공적으로 이끌어 나가며 성가신 장애물에 휘말려 에너지를 빼앗기지 않는 전략과 전술을 모두 제대로 익혔을 것이다. 이 책의 앞부분에서 언급했듯이, 만약 자신이 기업 같은 조직의 리더이거나 인사 부서에 소속돼 있거나 조직 전반을 아우르는 프로그램을 담당하는 사람이 아니라면, 3부의 내용은 굳이 읽지 않아도 괜찮다. 하지만 현재 그러한 역할을 맡고 있거나 '브레인 온!' 접근방법이 개인은 물론이고 팀과 조직 관리에 어떻게 적용되는지 궁금하다면 책장을 덮지 말고 계속 나아가자.

3부

팀을 위한 '브레인 온!' 가이드북

이제 독자 여러분은 감정 조절과 에너지 관리를 통해 개인이 스스로 '브레인 온!' 상태를 유지하는 데 필요한 것이 무엇인지 알게 되었다. 여기서 조금 더 생각해 보면, 현시점이든 앞으로 직장 생활을 계속하는 어느 시점이든 독자 여러분 가운데 상당수는 소규모 팀, 대규모 그룹, 또는 조직 전체를 관리하고 이끌어 가면서 직장 동료나 조직 구성원에게 직접적으로 영향을 미치는 이른바 '리더십 포지션'에 있을 가능성이 있다.

이때 조직의 문화적 분위기를 조성할 책임이 있는 리더나 인사 전문가, 기업 임원으로서 독자 여러분이 감정적으로 어떤 모습으로 보이는지는 기업 임직원이나 조직 구성원들에게 급여, 승진, 또는 기타 복지보다 훨씬 더 큰 영향을 미칠 수 있다. 직장에서 하루를 보내다 불현듯 나오는 잘못된 말이나 행동이 직원에게 위협으로 인식되고, 그 결과 해당 직원이 '브레인 온!' 상태를 유지하는 대신 뇌 속 경보 시스템을 작동할 가능성이 실제로 존재한다. 결국 우리가 일과 중에 나누는 사소한 대화나 상호작용이 직장에서 우리 자신은 물론이고 다른 이들의 생산성, 창의력, 그리고 행복을 좌우할 수 있는 것이다.

또한 인간의 뇌가 타고난 기본 모드는 '브레인 오프' 상태라는 사실도 우리는 이미 알고 있다. 이런 관점에서 볼 때 조직을 운영하고 그 정책을 설정하는 사람은 조직의 구성원들이 긍정적인 에너지 상태를 유지할 수 있도록 이끄는 한편, 에너지가 회복되는 업무 환경을 조직 내에 조성하는 일이 자신의 책임임을 인식해야 한다. 《스탠드아웃 강점 활용의 기술》과 《일에 관한 9가지 거짓말》의 저자이자 경영 컨설턴트인 마커스 버킹엄Marcus Buckingham은 자신의 강연에 참석한 청중들에게 종종 사람들이 떠나는 것은 직장이 아니라 상사라고 강조한다. 직원을 관리하고 이끄는 새로운 '브레인 온!' 방식에서 독자 여러분이 할 일은 자신의 역할에 따라 어느 정도 차이가 있다.

- 리더는 타인의 뇌를 이끈다.
- HR은 집단적 뇌collective brain를 이끈다.
- 조직은 집단적 뇌를 변화시킨다.

3부에서 다루는 〈팀을 위한 '브레인 온!' 가이드북〉은 이상의 세 가지 리더십 포지션 모두를 대상으로 작성되었다. 여기서 내가 수립한 목표는 우리가 느끼는 감정은 전염성이 강하며, 우리가 취하는 행동과 선택하는 말은 절대 중립적일 수 없다는 사실을 다시 한번 강조하는 것이다. 직장에서 우리는 직원들의 일상에서 장애물이나 방해 요인을 없애는 데 도움이 될 수도 있지만, 거꾸로 이를 더 많이 만들어낼 수도 있다. 따라서 업무에서 감정 반응을 촉발하는 요인을 제거하고 사람들의 감정을 불안정하게 만드는 상황을 피함으로써 직원들이 '브레인 온!' 상태를 유지하도록 도울 책임은 우리에게 있는 것이다. 궁극적으로 이는 직원들이 번아웃되고 업무에 몰입하지 못하며 단절된 느낌을 받는 대신 에너지 넘치는 하루를 보낼 수 있는지를 결정한다.

직원 개개인의 경험에 대해서도 생각해 보자. 앞서 배운 바에 따르면, 직원들은 자신만의 내적 장애물과 함께 직장으로 출근해 업무에 임한다. 하지만 직원들의 '브레인 온!' 상태와 에너지 넘치는 하루를 궁극적으로 결정하는 것은 그들의 리더, HR과 그 정책, 그리고 조직 문화다.

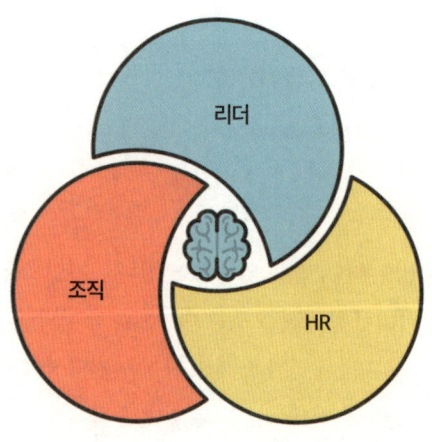

이 그림은 조직 전반에 걸쳐 발생하는 무수히 많은 상호작용과 의사소통이 어떻게 개별 직원에게 불쑥 영향을 미쳐 온종일 새로운 감정과 생각을 불러일으킬 수 있는지 보여준다. 물론 예상했던 감정이나 생각도 있고, 예상치 못한 감정이나 생각도 있을 것이다. 바라건대 그 대부분은 직원들의 뇌 속 보상 시스템을 긍정적으로 자극해 사고의 뇌를 활성화 상태로 유지할 것이다. 그러나 어떤 감정이나 생각은 개별 직원의 뇌가 제대로 작동할 수 없도록 만들고 해당 직원의 생산성을 저해하는 장애물을 만들 수 있다. 그러면, 한 조직의 리더로서 독자 여러분은 자신의 메시지와 보디랭귀지, 그리고 자신과 직원 간의 상호작용이 어떻게 위협이나 보상을 만들어내는지 의식적으로 인식하고 있는가? 이 상호작용은 그 순간 자신과 직원 사이의 관계를 강화하는가, 아니면 악화시키는가? 이와 같은 질문은 직원들의 경험에 긍정적이든 부정적이든 영향을 미치므로 직장에서 일하는 내내 독자 여러분이 계속 염두에 두고 스스로 답해야 할 매우 중요한 질문이다. 오래전에 한 동료가 부모로 사는 내 마음속에 깊게 남긴 말이 있다. '우리는 가장 불행한 자녀만큼만 행복할 수 있다.' 이 이야기가 전하는 메시지는 조직에도 적용된다. 조직은 가장 불행하거나 가장 의욕이 없는 직원 또는 팀원만큼만 생산적이고 혁신적이며 성공할 수 있다.

이 교훈은 보통 회계연도가 끝나갈 무렵처럼 특히 조직이 가장 바쁜 시기에는 반드시 명심해야 한다. 이때는 조직 전체가 하나의 집단적 뇌로서 가장 예민하고 가장 많이 스트레스가 쌓이며 가장 불행한 시기다. 직원들도 상사나 리더에게서 받는 잠재적으로 부정적이며 '브레인 오프' 상태를 유발하는 모든 상호작용을 통해, 그와 같이 조직 전반에 걸쳐 한층 더 강화된 압박감을 느끼게 된다. 대부분 조직에서 이 시기는 10월부터 12월까지, 즉 4분기에 해당한다. (일부 기업의 경우에는 회계연도 또는 복리후생 연도가 7월 1일이나 10월 1일에 시작하며, 이때는 그 직전 몇 개월이 조직 전체의 '브레인 오프' 기간에 해당할 수 있다.)

직원들에게도 연말은 개인적으로나 업무와 관련해 처리해야 할 일이 일정을 훨씬 더 많이 채우는 시기다. 더군다나 하루하루 그해의 마지막 날이 가까워질수록 이러한 문제는 점점 더 많이 쌓이기 마련이다.

여기에 더해, 이 시기에 조직의 리더나 HR이 인지하고 있어야 하는 구체적인 장애물은 다음과 같다.

- 조직의 당해연도 예산 마감
- 급여 인상 및 연말 보너스 책정
- 연말 고객사 접대 및 팀 파티 기획
- 연말 바쁜 시기의 가용 자원 부족 문제
- 사내 회계 및 감사 부서의 회계연도 마감 관련 협조 요청
- 연말 매출 목표 달성에 대한 압박감
- 매년 개최하는 임직원 타운홀 미팅 및 복리후생 회의 준비
- 다음 회계연도 사업계획 및 목표 수립

이와 별도로 개별 직원들이 연말에 만나게 되는 다른 장애물은 다음과 같다.

- 4분기 업무 수요 처리에 필요한 자원 부족
- 임박한 가족 휴가로 인한 스트레스
- 맞벌이 부부의 경우, 자녀 기말고사 등 학기 말 걱정

- 새해 계획 및 목표 수립
- 연휴 기간 자녀 돌봄 문제
- *연말 전까지 누적된 의료비로 인한 다음 연도 의료보험료 할증을 피하고자 병원 진료 및 수술 일정을 조정
- 연말 쇼핑 시즌이 가까워지며 증가하는 쇼핑 스트레스
- 연말 파티 및 고객사 접대로 인한 시간적 제약 증가
- 빡빡한 연말 일정 사이에서 남은 휴가를 소진하려는 노력
- 다음 연도 복리후생 프로그램 선택에 대한 부담감
- 곳곳에서 들리는 연말 보너스 및 다음 연도 급여 인상 소식

위에서 정리한 목록을 읽는 것만으로도 자신의 뇌가 이러한 활동이나 기간을 떠올리면서 스트레스 수준이나 온몸에 감도는 긴장감이 약간 올라가는 것을 느낄 수 있다. 이 느낌이 바로 핵심이다. 그리고 리더에게는 자신이 이끄는 조직에서 직원들이 그 바쁘고 어려운 시기에 반응하고 의사소통하는 방식을 바꿀 수 있는 아주 좋은 기회가 되기도 한다. 내가 여기서 제안하는 조직 차원의 가이드북은 독자 여러분이 조직 내 개별 구성원뿐만 아니라 자신의 정신적 강점을 이해하고 강화하는 데 도움이 될 것이다. 더 나은 업무 환경 속에서 목표를 달성하고 성공하는 방법을 만들어내고 싶다면, '브레인 온!' 접근방법을 활용하여 위 목록

- 미국 등 사보험 중심 의료보험 제도에만 해당하며 공보험 제도인 우리나라에서는 보기 힘든 현상임

을 읽으며 머릿속에 떠오르는 시나리오를 반전시키는 것이 매우 중요하다.

〈팀을 위한 '브레인 온!' 가이드북〉에서는 조직의 리더, HR 구성원, 그리고 조직 전반의 문화가 정신적으로 강인한 조직, 즉 연중 가장 바쁜 시기에 회복탄력성과 생산성이 훨씬 더 높은 조직을 만드는 데 어떻게 이바지하는지 살펴볼 예정이다. 내가 가진 믿음이자 지금까지 일하면서 경험한 사실은 정신적으로 강인한 조직은 리더십 포지션에 있는 모든 사람이 스스로 '브레인 온!' 상태에서 업무에 집중하는 경우에만 가능하다는 것이다. 즉, 리더가 먼저 산소마스크를 쓰고 에너지를 충전해야 한다는 말이다. 어쨌든 리더도 결국은 매일 관리해야 하는 감정이 있는 사람이기 때문이다. 조직의 정신적 웰빙은 가장 높은 자리에서 시작된다. 위대한 리더십 전문가 피터 드러커가 자신의 저서 《피터 드러커의 자기경영 바이블》에서 처음으로 제안한 바와 같이 '자신을 관리하지 않고서는 다른 사람을 관리할 수 없다.' 그래서 우리는 바로 이 지점에서 시작한다. 리더로서 우리 자신에게 집중하는 것부터.

9장

팀원의 뇌를 에너자이저 모드로 유지하는 비결

'브레인 온!' 리더가 되기 위한 내면의 게임

리더십이나 경영에 관한 훌륭한 책은 서가에 많다. 아마도 독자 여러분의 책장에도 여러 권 꽂혀 있을 것이다. 이러한 책은 경영 전략, 기업 운영, 재무 기법, 업무 수행 기술 등 다양한 영역에서 매우 효과적인 전략과 기법을 제시한다. 하지만 내가 발견한 사실은, 리더가 탁월한 비즈니스 감각과 직업적 성취를 갖췄다고 해서 그 팀이 꾸준히 높은 성과를 내고 정신적으로 강인한 상태를 유지하는 데 필요한 '브레인 온!' 사람 관리 능력까지 겸비한 것은 아니라는 것이다. 그리고 이것이 바로 전통적인 비즈니스 리더와, 인간 중심적이고 사람들의 뇌를 깨우는 새로운 '브레인 온!' 리더의 차이다. 어떤 이들은 이처럼 필수적이고 차별화하는 자질을 '소프트 스킬soft skill'이라고도 부르지만, 이 용어는 '브레인 온!' 사람 관리 역량이 특정 업무나 직무 관련 기술보다 중요성이 낮다는 인상을 줄 수 있다. 그래서 나는 비교적 휴먼 스킬human skill이나 대인 관계 기술interpersonal skill이라는 표현을 선호한다. 왜냐하면 오늘날 세상에서 훌륭한 리더가 되는 데 있어 '브레인 온!' 사람 관리 역량은 다른 어떤 지식이나 비즈니스 기술만큼, 아니 어쩌면 그보다 더 중요하기 때문이다. 이제 처음으로 리더십 포지션에 오른 독자 여러분이 맡은 역할이 팀장이라고 생각해 보자. 팀장으로서 여러분은 다양한 멘털 피트니스 훈련 기법과 기술을 그 누구보다 잘 활용할 수 있어야 한다. 그런 다음 이를 바탕으로 직원들에게 직장이라는 경기장에서 온종일 '브레인 온!' 모드로 에너지 넘치는 상태를 유지하는 방법을 교육하고 훈련하며 지원해야 한다. 이제 사람들은 팀장인 독자 여러분에게 영감과 지침을 구하며, 직장에서 성공하는 태도와 행동이 어떤 모습인지 본보기가 되어달라고 기대한다. 특히 직원들은 에너지 수준이 낮고 의욕이 없어서 최고의 성과를 내지 못한다고 느낄 때, 여러분을 바라보고 영감을 구하면서 자신이 '브레인 온!' 상태를 유지하고 '에너자이저' 모드로 돌아갈 수 있게 도와줄 것을 기대한다. 그래서 이번 장은 '트레이너를 트레이닝'하는 데 목적이 있다. 그리고 그 트레이너는 바로 독자 여러분이다.

직장에서 하루를 보내는 동안 리더가 맡은 가장 중요한 임무는 의사를 결정하거나 작업을 수행하거나 다른 사람과 상호작용할 때마다 자신이 '브레인 온!' 상태에 있는지 의식적으로 확인하고 끊임없이 점검하는 것이다. 집중력이 흐트러졌거나 피곤하다고 느끼는가? 아니면 혼란스럽거나 분노가 치민다고 느끼는가? 오늘 하루를 '브레인 오프' 상태에서 시작했다고 생각하는가? 이처럼 부정적이고 해로운 감정이 자신이 이끄는 팀 또는 자신과 동료들 간의 관계에 악영향을 미치는 것은 아닐까? 만약 그렇다면 다음 단계로 나아가기 전 잠시 멈추는 것처럼, 앞서 2부에서 소개한 다양한 전략과 기법을 적용하여 자신의 감정을 조절하고 자기 내면의 게임을 관리함으로써 긍정적이고 가시적인 에너지를 창출해야 한다. 그렇게 해야만 상호작용이나 의사소통에 직원들이 적극적으로 참여하도록 유도하는 한편 직원들에게 동기를 부여할 수 있기 때문이다.

직장에서 단순히 한 명의 인재로 존재하는 것과 리더가 된다는 것의 차이는 리더는 하루 중에 훨씬 더 자주 스스로 점검하고 돌아봐야 한다는 점이다. 리더의 감정은 훨씬 광범위하게 퍼져나갈 수 있기 때문이다. 리더는 조직을 모든 측면에서 관리하면서 디지털, 가상, 대면 등 모든 의사소통 형태로 매일 사람들과 몇 차례는 물론이고 심지어 수십 차례 상호작용하기 마련이다. 이때 리더가 완벽할 것이라고 기대하는 사람은 없을 것이다. 리더도 다른 사람들과 마찬가지로 주의가 산만해지고 화가 나며 스트레스를 받을 수 있다. 그러나 중요한 점은 리더로서 독자 여러분이 드러내는 부정적이거나 두려움에 기반한 감정은 매우 전염성이 강해서 언제든 직원들을 '브레인 오프' 모드로 전환해 버릴 수 있다는 사실이다. 그리고 이는 직원들의 에너지 수준과 몰입도가 낮아지고, 리더와 직원의 관계가 나빠지며, 의사소통과 업무 환경이 조직 내 모든 사람의 생산성을 떨어뜨리는 결과로 이어질 수 있다.

여기 내가 제안하는 리더의 훈련 과정을 소개한다. 이 훈련 과정에는 '브레인 온!' 상태로 에너지 넘치는 리더를 육성하는 데 꼭 필요한 핵심적인 구성 요소와 멘탈 피트니스 운동이 추가로 포함된다.

'브레인 온!' 리더를 만드는 훈련 과정

다시 한번 말하지만 리더도 사람이다. 그러므로 다른 모든 사람과 마찬가지로 먼저 자신의 정신적 웰빙에 초점을 맞춰, 2부에서 다룬 〈나를 위한 '브레인 온!' 가이드북〉에 담긴 다양한 방법과 기술을 연습하고 완벽하게 익혀야 한다. 그렇지만 진정으로 효과적인 '브레인 온!' 리더가 되려면 직장에서 하루를 보내면서 수시로 활용할 수 있는 '리더십 훈련 과정'을 거쳐야 한다. 이 과정은 리더십을 갖추는 데 필요한 특정한 정신 근육을 강화하고, 조직의 수장으로서 리더가 자기 내면의 게임에서 승리할 수 있게 도와준다. 어쩌면 웨이트 트레이닝과 비슷하다고 생각할 수 있다. 독자 여러분은 이미 2부 〈나를 위한 '브레인 온! 가이드북〉을 통해 자신의 뇌 속 정신적 코어 근육을 강화하는 운동을 마쳤다. 그리고 나면 마치 헬스장에서 팔이나 다리, 허리를 개별적으로 운동하는 것처럼, 우리 마음에서도 특정 근육을 단련하고 강화하여 윤곽을 잡는 고립 운동isolation exercise을 실천해야 한다. 이 운동이 바로 리더십 훈련 과정에서 하는 일이다. 즉 '브레인 온!' 상태의 '에너자이저' 리더를 만드는 데 필요한 정신적 근육을 개별적으로 강화하는 과정이다.

여기 내가 제안하는 리더십 훈련 과정이 있다. 이 훈련 과정은 리더가 집중력을 발휘해 연습하고 자기 것으로 만들어야 하는 여섯 가지 '점검 구간'으로 구성된다. 여기서 소개하는 운동법은 독자 여러분이 지금까지 접한 여러 리더십 서적에서 강조하는 일반적인 기술보다 훨씬 더 깊은 수준의 방법이다. 특히 리더로서 독자 여러분의 가장 큰 자산인 뇌의 근육을 강화하는 데 초점을 맞춰 특별히 설계되었다. 리더가 거쳐가는 이 여섯 가지 점검 구간의 목적은 팀의 주장을 의미하는 'CAPTAIN'으로 쉽게 기억할 수 있다. 이 훈련 과정을 통해 독자 여러분은 사람을 상대하는 기술을 어느 정도 갖춘 '괜찮은 비즈니스 리더'에서 탁월한 비즈니스 능력을 갖춘 '인간적인 위대한 리더'로 성장할 수 있을 것이다. 그리고 직원들이 가야 할 길을 묻고 지시에 따라야 하는 '한 사람'에서 많은 사람에게 힘을 불어넣어 사람들이 따르고 싶은 '리더'로 자리매김할 수 있을 것이다.

'브레인 온!' 팀의 CAPTAIN이 되다!

- C - Check: 자신이 '브레인 온!' 상태인지 아니면 '브레인 오프' 상태인지 알기 위해 수시로 자신을 돌아보고 **확인한다**.
- A - Align: 목표는 물론이고 담당 직무와 업무도 자신의 강점에 맞춰 **조정한다**.
- P - Pause: 대면이든 가상이든 모든 상호작용 전에 의도적으로 **잠시 멈추고** 자신이 '브레인 온!' 상태에 있는지 확인한다.
- T - Talk: **말을 줄이고** 더 많이 듣는다. 호기심과 연민의 마음으로 모든 대화를 주도한다.
- A - Acknowledge: 조직 구성원 각각의 크고 작은 공헌을 자주 알아보고 **인정한다**.
- I - Initiate: 성장을 **주도한다**. 자기 자신은 물론이고 자신이 이끄는 팀이 끊임없이 새로운 것을 배우고 성장할 수 있도록 이끈다.
- N - Navigate: 까다로운 대화를 **헤쳐나간다**. 현재에 집중하고 '브레인 온!' 상태를 유지하며 공감하는 마음으로 이야기한다.

훌륭한 리더십 서적 대다수도 우리에게 자기 행동과 성과를 돌아볼 것을 권한다. 그러나 이러한 서적은 대개 외부적인 측면에서 주로 비즈니스와 관련된 피상적인 내용을 다룬다. 그에 반해 '브레인 온!' 접근방법은 외부적인 성과와 내면의 감정적 및 정서적 측면의 성과 사이에 존재하는 격차를 해소하며, 이를 위해 우리가 인간으로서 리더십을 발휘하고 있는지 파악할 수 있도록 올바른 질문을 던진다. 이 여섯 가지 '브레인 온!' 점검 구간은 직장에서 일하는 동안 감정 조절이나 감정 전염에 초점을 맞춰 리더가 스스로에게 던져야 하는 중요한 질문을 전략적으로 구성하고 있다. 정신 건강을 점검할 수 있는 기본적인 질문을 통해 자신은 물론이고 주변 사람들까지 정신적으로 더 강인해지고 '브레인 온!' 상태에서 에너지 넘치는 하루를 보낼 수 있게 될 것이다.

리더십 컨설턴트 존 맥스웰John Maxwell은 자신의 저서 《인생의 중요한 순간에 다시 물어야 할 것들》에서 좋은 질문을 던지는 기술을 매우 잘 익혀야 한다고 강조한다. 지금부터 소개하는 리더십 훈련 과정이 달성하고자 하는 목표는 매일 중요한 리더십 관련 질문들을 던지고 그 해답을 찾는 습관을 형성하는 것이다. 그리고 그 질문들은 구체적으로 리더로서 우리의 뇌, 우리가 보내는 하루, 우리가 하는 일 전부를 탈바꿈하고 재구성하는 데 초점을 맞추고 있다. 그다음 이러한 경험을 바탕으로 조직 내 다른 구성원도 똑같이 할 수 있도록 훈련하는 것을 목표로 삼아야 한다.

점검 구간 No. 1

지금 이 순간 내 생각과 감정을 실시간으로 알아차리고 있는가?

우리 대부분에게 거의 언제나 이 질문에 대한 답은 아마 '아니다'일 것이다. 2부에서 이미 논의한 바와 같이 개인 점검, 즉 자신을 돌아보는 습관은 위대한 '브레인 온!' 리더가 되는 토대가 된다. 리더로서 독자 여러분은 매우 빠르게 움직이면서 너무 많은 일을 다루다 보니 자신이 인식하는 것보다 훨씬 더 자주 그리고 긴 시간 동안 '브레인 오프' 상태로 작동하고 있을지 모른다. 그러다 보면 집중력, 명확성 및 효율성 측면에서 최상의 상태를 유지하지 못하게 된다. 특히 마음에 들지 않는 일에 너무 빠르게 반응하면, 자신이 이끄는 팀에 친절하지도 현명하지도 않으며 도움이 되지 않는 행동이나 말을 하게 될 위험이 있다.

이렇게 자신을 돌아보고 나면, 리더로서 탄탄한 정신적 근육을 구축하기 위한 이 운동의 두 번째 단계는 잠시 멈추는 것이다. 뭔가에 반응하거나 대응하기 전에 잠시 멈추는 연습을 하면, 더 신중하고 침착한 한 사람이자 리더로 성장한 자신을 발견할 수 있나. 이것이 바로 이번 점검 구간에서 연습하고 완벽히 익혀야 할 운동이다. 그리고 하루 중에도 무수히 많은 순간에 이를 '반복 운동'할 수 있다. 이메일을 보내기 전이나 회의실에 들어가기 전에 잠시 멈춰보자. 업무 문자에 답하기 전이나 직원, 팀원, 또는 고객과 교류하거나 의사소통하기 전에도 잠시 멈출 수 있다. 지나칠 정도로 빨리 말하거나 행동하기 전에 잠시 멈출 때마다 독자 여러분은 이 훈련 과정에서 하나의 반복 운동을 수행하는 것이다. 그러다 보면 이처럼 반복 운동하는 횟수가 하루에도 스무 번에서 서른 번까지 쉽게 늘어난다. 결국 이처럼 잠시 멈추는 시간의 길이는 독자 여러분의 정신적 강인함과 리더십 성숙도를 결정한다.

프로 스포츠에서 팀 주장이 언제, 어떻게, 그리고 왜 타임아웃을 요청하는지 생각해 보자. 타임아웃은 경기 중에 의도적으로 행동을 잠시 멈추는 순간으로, 경기의 승패를 결정짓는 열쇠가 될 수 있다. 마찬가지로 직장에서도 팀장 등 리더는 팀원들이 '브레인 오프' 상태에 있어서 다시 대열을 가다듬어 '온라인' 상태로 돌아갈 필요가 있다고 생각할 때 타임아웃을 요청한다. 그러면 팀원들은 더 잘 협력하게 되고 결국 하루를 더 성공적으로 마무리할 수 있게 된다.

점검 구간 No. 2

모든 상황에서 내 강점을 효과적으로 활용하며, 내 강점 기반의 목표를 향해 나아가고 있는가?

직장에서 리더는 미리 계획된 일정에 따라 매우 힘들고 바쁜 하루를 보내는 경우가 많다. 이러한 업무 환경에서는 목표를 달성하기 위해 최고 수준의 작업 효율과 효과를 내야 한다. '브레인 온!' 상태를 유지하며 작동하는 것이 그 첫 번째 단계로, 이때는 모든 일을 집중력 있게 의도를 가지고 명확하게 해낼 수 있다. 두 번째 단계는 일상 업무의 목표까지 포함하는 모든 목표가 자신의 강점과 타고난 소질이나 재능에 부합하는지 확인하는 것이다. 이를 위해서는 때때로 자신의 강점과 맞지 않는 업무나 프로젝트를 다른 이에게 위임하거나 그 일을 잘 해낼 수 있는 파트너를 찾아야 한다. 예를 들어, 팀 프레젠테이션이나 경영진 보고 자료를 만들어야 하지만 영감을 불러일으키는 글쓰기가 자신의 강점이 아닌 경우에는 창의적 재능을 가진 누군가에게 그 일을 위임해야 한다. 만약 자신의 강점은 성과를 내는 데 있으나 그에 필요한 변화나 개선 방향을 그려내는 일에는 자신감이 부족하다면, 자신이 실행하고 달성하고 싶은 비전을 함께 만들어갈 혁신적인 전략적 파트너를 찾아야 한다. 이는 어떤 일을 해내는 데 필요한 모든 요소 가운데 리더가 할 수 없는 것이 있다는 의미가 아니다. 그보다는 인간으로서 그 어떤 리더도 모든 일을 탁월하게 잘하도록 설계되지 않았다는 사실을 인식할 필요가 있다는 말이다. 리더에게도 어떤 일은 마치 거센 파도를 거슬러 헤엄치는 것처럼 느껴져 결국 탈진하거나 의욕을 잃을 수 있다.

이처럼 다른 사람을 통해 조직을 이끄는 모습은 훌륭한 리더십의 표식이다. 특히 자신의 약점을 보완할 수 있도록 전략적으로 다른 사람의 강점을 끌어오는 경우라면 더욱 그렇다. 리더로서 자신의 강점을 아는 것만큼 자신에게 부족한 부분을 이해하는 것이 중요한 이유가 바로 여기에 있다. 자신을 빛나게 하는 것에 집중하고 그러한 재주와 능력을 매일 대부분의 시간 동안 충분히 활용한다면, 리더로서 정신적으로 더 강인해지고 에너지 넘치며 결국 더 크게 성공하게 될 것이다. 그리고 이는 조직 내 다른 구성원에게 그들도 똑같이 해낼 수 있다는 자신감을 불러일으킬 것이다.

점검 구간 No. 3

타인의 생각이나 감정에 귀 기울이고 있는가?

　이번 운동은 그리 힘들지 않아 보일 수 있다. 일부러 매일 연습하거나 일일 운동 루틴에 포함할 필요는 없다고 생각할 수도 있다. 하지만 인간의 뇌는 끊임없이 위협을 탐색하고, 우리 마음은 깨어있는 모든 시간의 약 절반 동안 방황하면서 대부분 자신과 자신의 경험, 자신의 안전에 집중한다는 사실을 기억할 것이다. 그렇다면 우리는 실제로 상대가 전하는 모든 말을 듣지도 못하고, 모든 마음을 읽지도 못하며 모든 감정에 공감하지도 못할 가능성이 있다. 깊이 있는 듣기, 즉 경청의 핵심은 바로 호기심이다. 그리고 바로 이 호기심이 이번 운동을 통해 단련하는 정신적 근육이다. 지금 이 순간에 집중하고, 대화하는 상대방에게 주의를 기울이며 호기심을 가지고 더 많이 배우려 노력하는 것이 바로 '브레인 온' 상태를 실천하는 것이다. 리더는 항상 탐정처럼 각 대화나 교류에서 더 강력한 유대감과 더 나은 결과를 만들 핵심 메시지와 정서를 파헤치려 노력해야 한다. 독자 여러분은 대화할 때 이러한 목표를 가지고 있는가? 지시를 내리거나 중심에 서는 대신 진정한 대화를 나누는 것이 목표인가? 리더가 경청하고 있음을 가장 효과적으로 보여주는 한마디는 '조금 더 자세히 이야기해 주세요'다.

　나는 리더가 대화에서 이러한 기술을 다양한 방식으로 활용해 더 깊이 파고 들어간 결과, 단순히 겉으로 드러난 문제만 해결하려 하기보다 대화의 주요 쟁점이나 그 기저에 있는 이슈를 파악하는 것을 여러 번 목격했다. 그럴 때마다 놀라운 결과와 더 깊은 인간관계가 만들어지는 것을 확인할 수 있었다. 먼저 팀원에게 잘되고 있는 것과 그렇지 않은 것이 무엇인지 예를 들어달라거나 조금 더 명확하게 설명해 달라고 요청해 보자. 이제 독자 여러분은 경청하는 자세로 다양한 질문을 던져서 충분한 데이터를 확보하며, 그 과정에서 문제점이나 요청 사항을 명확하게 파악할 뿐만 아니라 지성과 공감을 바탕으로 적절하게 반응함으로써 생산적이고 효과적인 대화를 계속해서 이어갈 수 있도록 노력해야 한다. (반대로, 리더의 개인적 견해, 경험, 또는 성급한 추측을 바탕으로 반응하면 생산적이지 못한 대화로 이어진다.) 훌륭한 청자가 된다는 것은 대화 중에 판단을 유보한다는 의미이기도 하다. 또는 실제 문제가 무엇인지도 모르면서 먼저 해결책부터 제시하고 싶은 충동을 억제한다는 말일 수도 있다.

이번 운동의 핵심은 이렇다. '독자 여러분은 자신이 옳다고 생각하는 말을 하거나 자신의 경험을 언급하지 않으면서 대화를 이어갈 수 있는가?' 아마도 누군가에게 자신이 겪고 있는 일이나 당면한 어려움에 관해 이야기하고 있을 때, 그 사람이 끼어들면서 "아, 무슨 말인지 알아요. 나도 그런 적 있거든요"라고 말한 일이 생각날 것이다. 그 순간 갑자기 그 사람이 대화의 주도권을 가져가면서 졸지에 여러분은 상대방의 경험담을 듣는 처지가 되고 만다. 이제 리더로서 여러분의 목표는 다른 누군가에게 절대 그렇게 하지 않는 것이다. 그 사람이 직원이나 동료이든, 아니면 심지어 친구나 가족이든 상관없다. 그렇지만 이게 말처럼 쉬운 일이 아니다. 모든 대화에서 독자 여러분은 내가 '내면의 브레인 온! 댄스'라고 부르는 행동을 하게 될 것이다. 몇 초 동안 '브레인 온!' 상태에서 상대방의 말이나 이메일 요청에 집중하면서 경청하지만, 어느새 다른 생각에 빠지거나 비슷한 일을 겪었을 때를 떠올리게 되는 것이다. 이는 인간의 뇌 구조 자체가 그렇게 만들어졌기 때문에 일어나는 현상이다. 그러나 그와 동시에 대화가 엉뚱한 방향으로 흘러가거나 감정이 불안정해지는 이유도 바로 여기에 있다. 이번 구간에서 자신의 경청하는 근육을 단련하면 현재에 더 집중하고 주의를 기울일 수 있을 뿐 아니라 모든 상호작용에서 더 공감하고 배려하는 마음을 가질 수 있을 것이다.

그렇다면 경청하는 근육을 단련하여 훌륭한 청자가 되고 있는지 측정할 방법이 있을까? 방금 듣거나 읽은 내용을 반복해서 말할 수 있으며, 현재 질문하거나 논의하는 내용 뒤에 있는 상대방의 감정을 설명할 수 있으면 된다. 이는 리더가 글이나 말을 제대로 이해하고 있는지 확인할 수 있는 유일한 방법이기도 하다. 예를 들어, "제가 이해한 바에 따르면 …라고 말씀하셨는데, 그런가요?" 또는 "말씀하신 내용은 …라는 의미인가요?"처럼 말해보는 것이다. 대화가 끝난 뒤 간단한 자기 평가를 통해 자신이 얼마나 잘 들었는지, 몇 번이나 감정적으로 반응하거나 '브레인 오프' 상태가 되었는지, 어느 지점에서 상대방의 말을 가로채거나 선제적으로 답이나 의견을 제시했는지 등을 스스로 점검할 수도 있다.

점검 구간 No. 4

까다로운 대화 중에도 '브레인 온!' 상태를 유지하고 있는가?

　기업 임원진 마인드 리더십 연구소의 창립 이사이자 피터 드러커 경영대학원 교수인 제레미 헌터는 이렇게 말한다. "어려운 대화 자체가 어려운 것이 아니다. 그 대화에 관해 우리가 가지고 있는 이야기와 생각, 신념이 대화를 두렵고 끔찍하며 까다롭고 당혹스럽게 만든다." 이번 구간의 첫 번째 운동은 실제로 어려운 대화를 시작하기 전이라도 그 대화의 결과를 상상하고 만남이 어떻게 흘러가기를 바라는지 마음속에 그려보는 것이다. 누구도 대화 상대방이 어떻게 반응할지 알거나 통제할 수 없다. 그리고 그 불확실성 하나만으로도 리더를 자극하고 촉발하는 요인이 될 수 있다. 대화에 앞서 미리 준비하면서 자신이 어떤 모습으로 그 자리에 나타나고 싶으며 어떤 결과를 원하는지와 관련해 그린 비전을 끝까지 고수한다면, 그 대화가 진행되는 중에도 흔들리지 않고 정신적으로 강인한 상태를 유지할 수 있을 것이다.

　대화가 시작된 후에는 대화 과정 내내 수시로 스스로를 돌아보는 일이 매우 중요하다. 즉, 자신이 긴장하고 있는지 또는 당황하거나 망설이는 모습을 보이고 있는지 알아차리는 것이다. 바로 이런 모습이 무언가에 자극받아 '오프라인' 상태로 전환될 수 있다는 신호이기 때문이다. 그러므로 까다로운 대화에서 두 번째로 중요한 운동은 어떤 말이든 내뱉기 전에 잠시 멈추는 것이다. 그리고 세 번째 운동은 상대방이 어떻게 생각하고 있는지 예단하거나 단정하지 말고, 그 대신 들어야 한다는 것이다. 이번 점검 구간은 사실상 이상의 세 가지 점검 구간을 한데 모아 하나의 3단계 루틴으로 정리하는 구간으로, 이 구간의 운동을 통해 독자 여러분은 리더로서 자신의 회복탄력성을 높여 매우 까다롭고 힘든 대화 상황을 헤쳐나갈 수 있게 된다.

직장 생활을 하면서 리더가 까다로운 대화를 피할 길은 없다. 하지만, 리더는 이와 같은 대화가 개인의 성장은 물론이고 조직의 성공에 꼭 필요하다는 점을 기억해야 한다. 따라서 목표는 결국 까다로운 대화를 헤쳐나가는 일에 매우 능숙하고 감정적으로도 강인한 리더가 되는 것이다.

타인과 연결되어 소통하기

점검 구간 No. 5

리더로서 자신이 취약한 부분이나 연민의 감정을 보여주고 있는가?

역설적으로 들릴 수도 있지만, 인간이 중심인 새로운 비즈니스 세계에서 취약성과 연민은 리더가 갖출 수 있는 최고의 역량이다. 연민은 연습하고 키워야 하는 능력이지 타고날 수 있는 것이 아니다. 그래서 연민이 멘탈 피트니스 훈련의 대상이 된 것이며, 그 시작은 바로 리더의 내면 관리이다. 타인에게 연민의 감정을 보이기 전에 먼저 스스로에게 연민의 마음을 전하는 것이 중요하다. 대다수의 리더가 승진하는 과정에서 자기 비판적인 경향을 보이며, 실제로 자기 연민self-compassion은 리더가 배우기 가장 어려운 기술 중 하나다.

리더로서 타인에게 연민의 감정을 보인다는 것은 자신이 이끄는 팀 내 한 개인의 감정을 공감하고 그 개인 내면의 어려움을 인정하겠다는 의지의 표명이다. 리더로서 연민의 감정을 표현하는 두 번째 단계는 그 개인을 지원하기 위해 어떤 형태로든 행동하는 것이다. 쉽게 말해서, 외부적인 차원에서 도움을 줄 방법을 몇 가지 생각해 내는 것이다. "…을 돕기 위해 제가 할 수 있는 일이 있을까요?"라고 묻는 것도 좋은 방법이다. 더 구체적으로는 조직에서 제공하는 자원이나 복리후생 혜택을 활용하거나 구체적인 교육 프로그램을 제안하는 것을 의미할 수도 있다.

리더가 자신의 취약성 또는 취약한 부분을 드러낸다는 말은 자신이 이끄는 팀에 리더도 인간임을 보여주는 것이다. 그 방법은 팀 구성원에게 "잘 모르겠네요" 또는 "이번 일은 제 실수였습니다"라고 말하는 것처럼 간단할 수도 있다. 심지어 개인적 경험을 공유하는 것도 방법이 될 수 있다. 이러한 모습은 결국 독자 여러분을 더 '인간적인' 리더로 만들어준다. 내 경우에는, 내가 '브레인 오프' 상태에서 가족 중 누군가가 아프다거나 내 건강에 문제가 생기는 등 개인적인 문제로 어려움을 겪고 있다는 것을 인식하면 반드시 누군가와 이야기를 나누곤 한다. 그렇게 시간이 지나면 팀원들도 서로 편안하게 자신들의 이야기를 공유하게 되고, 결국에는 서로에게서 무언가를 배우면서 직장이라는 경기장 안팎에서 훨씬 더 돈독한 관계를 형성하게 된다.

점검 구간 No. 6

나 자신은 물론이고 내가 이끄는 팀을 대상으로 성장형 사고방식을 가지고 있는가?

높은 수준의 직업적 웰빙을 누리고 유지하는 데 있어 자율성과 숙련도, 목적의식은 핵심 요소다. '브레인 온!' 리더라면 자기 자신과 자신이 이끄는 팀 모두가 성장해야 하며, 그러지 못하면 발전이 정체되거나 성과가 저하될 위험이 있다는 사실을 알아야 한다. 자신과 팀이 업무에만 집중하는 날이 장기간 지속되면, 이는 결국 에너지가 부족하고 활력이 떨어지는 업무 환경으로 이어진다. 성장은 지식과 기술 수준을 높이거나 경험을 쌓고 관계를 맺는 등 다양한 형태와 방식으로 이루어질 수 있다.

다니엘 핑크는 자신의 책 《드라이브》에서 '인간은 자율적이고, 스스로 결정하며, 서로 연결되고자 하는 선천적인 내면의 욕구를 마음속에 품고 있다. 그리고 이러한 욕구가 발현될 때 사람들은 더 많은 것을 성취하고 더 풍요로운 삶을 살 수 있다'라고 설명한다.

직장에서 에너지 넘치는 상태를 유지하려면 자신의 열정, 목적, 그리고 강점을 성장시킬 방법을 찾아야 한다. 이는 리더 개인뿐만 아니라 종합적으로는 팀에도 해당하는 이야기다. 예를 들어, 외부 인사를 초청해 강연을 듣거나 함께 책을 읽은 다음 토론하는 것도 성장에 도움이 된다. 리더로서 자기 삶을 바꾼 새로운 것을 배웠다면 팀 구성원들과 공유해 보자.

직장에서 사람들은 리더로서 독자 여러분이 그들의 성장에 투자한다고 느낄 때, 그리고 여러분이 스스로의 어려움을 극복하려고 노력하는 모습을 볼 때, 그들은 '브레인 온!' 상태를 유지하면서 더 많은 에너지를 얻는다. 그리고 이는 여러분과 그들 사이의 관계를 강화하고, 더 나아가 탄탄한 조직을 만들어 조직의 성공 가능성이 커지는 결과로 이어진다.

성과 측정

지금까지 소개한 다양한 '점검 구간'을 독자 여러분이 리더로서 직장 생활에 반영하여 '브레인 온!' 리더십 훈련 과정을 실천하는 모습은 자신의 리더십 멘탈 피트니스 점수를 측정하는 한 가지 방법이 될 수 있다. 회의 전에 '브레인 온!' 행동을 따랐는가? 오늘 자신의 경청 능력을 어떻게 평가하는가? 까다로운 대화나 만만찮은 상황에 대처하는 자신의 방식을 바탕으로 누군가가 '브레인 온!' 상태를 유지할 수 있도록 도움을 주었는가? 오늘 뭔가 새롭게 배운 것이 있는가? 그렇게 배운 것은 자신이 이끄는 팀의 에너지 수준에 어떤 영향을 미쳤는가?

직장에서 사람들이 존경하고 함께 일하고 싶은 리더가 되는 것은 자신의 뇌와 좋은 관계를 맺는 리더가 되는 것에서 시작된다. 현명한 리더는 다른 사람을 자극하지 않기 위해 자신의 감정을 조절해 사고의 뇌를 '브레인 온!' 상태로 유지하는 방법을 안다. 세상의 어떤 리더십 훈련 과정이나 경영 교육 프로그램도 한 번도 업그레이드되지 않아 대부분의 시간 동안 '오프라인' 상태에 있는 뇌를 극복할 수는 없다. 리더는 먼저 자기 내면을 관리해야 한다. 그러면 자신뿐 아니라 자신이 이끄는 팀이 어디까지 발전하는지 볼 수 있을 것이다.

리더의 하이라이트 장면

- 조직의 리더는 올바른 분위기를 조성해야 한다. 직장에서 리더로서 자신이 어떤 모습으로 보이는지는 직원들에게 급여, 승진, 또는 기타 복지보다 훨씬 더 큰 영향을 미칠 수 있다.
- 리더의 감정은 전염성이 강하다. 리더가 취하는 행동과 선택하는 말은 결코 중립적일 수 없다. 리더는 직원들의 일상에서 장애물이나 방해 요인을 제거하는 데 도움이 될 수도 있지만, 거꾸로 더 많이 만들어낼 수도 있다. 따라서 리더는 업무에서 감정 반응을 촉발하는 요인을 제거하고 직원들의 감정을 불안정하게 만드는 상황을 피하여 직원들이 '브레인 온!' 상태를 유지하도록 할 책임이 있다. 궁극적으로 이는 직원들이 번아웃되고 몰입하지 못하며 단절된 느낌을 받는 대신 에너지 넘치는 하루를 보낼 수 있는지를 결정한다.
- 리더는 직장에서 하루를 보내면서 수시로 자신을 돌아봐야 한다. 그 과정에서 리더가 맡은 가장 중요한 임무는 다른 사람과 상호작용할 때마다 자신이 '브레인 온!' 상태에 있는지를 의식적으로 확인하고 끊임없이 점검하는 것이다. 집중력이 흐트러졌다거나 피곤하다고 느끼는가? 아니면 혼란스럽거나 분노가 치민다고 느끼는가? 그렇다면 잠시 휴식을 취하면서 자신의 뇌를 다시 '온라인' 상태로 되돌

려 놓아야 한다. 부정적이거나 두려움에 기반한 모든 감정은 직원들을 자극하여 언제든 '브레인 오프' 모드로 만들 수 있다.

CAPTAIN! 자기만의 리더십 훈련 과정을 매일 실천하는 리더가 되자.

C 자신을 돌아본다.

A 자신의 강점에 맞춰 조정한다.

P 잠시 멈춘다.

T 더 조금 말하고 더 많이 듣는다.

A 알아보고 인정한다.

I 성장을 주도한다.

N 까다로운 대화를 헤쳐나간다.

그리고 리더를 위한 '브레인 온!' 모토를 꼭 기억하자.

배우고, 실천하며, 이끈다.

10장

팀원들의 뇌에
에너지를 불어넣는 법

'브레인 온!' 리더로서 HR의 역할

우선, 조직에서 사람들의 경험에 집중하는 역할을 담당하는 HR 전문가 여러분에게 깊은 감사와 경의를 표한다. 여러분의 역할이 매일 얼마나 감정적으로 힘든 일인지 아는 사람은 그리 많지 않다. HR 전문가는 조직 내 모든 구성원이 '브레인 온!' 상태에서 에너지 넘치고 업무에 몰입하는 모습을 유지하는 데 필요한 모든 것을 갖출 수 있도록 하는 책임이 있다. 이는 결코 쉬운 일이 아니다. 사실, 지식 노동자 중심의 이 대변혁의 시대에 인사human resources(HR)는 본질적으로 인력 전체를 최대한 지원하는 '뇌' 자원 관리brain resources management를 의미한다. HR은 직장에 존재하는 각종 장애물을 제거하고, 직원들이 매일 최고의 상태로 생각하고 행동하며 일하는 데 필요한 모든 것을 갖출 수 있도록 돕는 역할을 한다. 나는 지난 수년간 수백 명의 인사 분야의 이론가 및 실무자와 함께 일하면서 HR 전문가 여러분이 이 세상의 숨은 영웅이라는 사실을 잘 알고 있다. 여러분은 조직 내에서 진정한 의미의 공동체를 조성하고 지식과 경험을 가르치며 사람들을 돌보는 존재로서, 최전선에서 직원들의 건강과 복지를 지원하고 개인이 생존할 것인지 아니면 성공할 것인지를 좌우하는 토대를 마련하고 있다.

조직 내 다른 부서의 리더들과 마찬가지로 HR 부서도 매일 현장에서 HR 고유의 역할을 담당한다. 바로 조직을 위한 멘탈 피트니스 훈련 교본과 프로그램을 만든 다음 주도적으로 실행하는 주체가 HR이다. 결국 모든 일은 HR에서 시작된다고 해도 과언이 아니다. 조직의 모든 뇌는 HR 부서가 개발하고 관리하는 각종 프로그램, 정책, 복리후생, 교육훈련, 자원 등의 영향을 받는다. 그래서 이번 장에서 나는 HR에 관여하는 사람이라면 누구나 직원들이 '브레인 온!' 모드에서 에너지 넘치는 상태를 유지하는 데 필요한 원칙과 조치를 이해할 수 있도록 돕고자 한다. 이처럼 '브레인 온' 상태에 있는 사람들은 오늘날 직장 생활에 만연한 번아웃과 스트레스, 그리고 잠재적으로 부정적이거나 해로운 기업 문화 또는 업무 환경에 맞서 싸울 수 있기 때문이다.

간단하게 설명을 덧붙이자면, 여기서 내가 일반적인 용어로서 '인사'를 뜻하는 Human Resources의 약자 'HR'이라는 표현을 사용하는 이유는 적어도 내 관점에서는 어떤 부서의 명칭보다는 그 운영 방식이 더 중요하기 때문이다. 나는 HR이라는 용어를 '사람을 우선하며 인간 중심의 디자인 사고를 바탕으로 전인적 시스템 및 일과 삶의 통합을 실현하려는 노력'이라는 의미로 사용한다. 즉, 일이 만족스러운 삶을 구성하는 핵심적인 요소임을 인식하고 인정하는 것이다. 독자 여러분의 직책이나 담당 업무, 소속 부서의 명칭이 '최고 인사 책임자' '인력 운용' '총보상total rewards' '전인적 자원' 또는 그냥 '인사'인지는 중요하지 않다. 그 명칭의 기저에 HR과 관련한 사명이나 목적, 지원 활동이 뚜렷하게 존재한다면 괜찮다. 같은 맥락에서 조직의 구성원들을 직원, 팀원, 동료, 직장 내 가족 등 어떻게 부르는지도 중요하지 않다. 각 개인이 조직에 어떤 의미를 갖는지 그 본질을 파악하고 이를 모든 HR 업무에 반영하기만 한다면 아무런 문제가 없다. 중요한 것은 HR 전문가로서 독자 여러분의 철학과 사람에 접근하는 방식이 조직의 구성원 한 명 한 명에게 명확하게 전달되고 늘 진정성 있게 받아들여져야 한다는 점이다. 그렇게 되면 이러한 직함에 담긴 짧은 몇 마디 단어만으로도 구성원들은 자신이 보살핌을 받고 있으며 '브레인 온!' 상태에 있다고 느끼는 데 도움이 될 수 있다.

    HR은 하나의 부서로서 긍정적인 *직원 경험을 매일 개발하고 육성할 책임이 있다. 그리고 이 책임을 다하는 체계는 오랜 기

---

* 직원 경험: 직원이 입사부터 퇴사 혹은 퇴사 후까지 소속 조직과 관련해 경험하는 모든 것

간 다음과 같이 참여도를 기반으로 조직 차원에서 주는 일종의 '상'을 통해 인정되고 강조되었다.

- 우리 회사는 내 공헌도를 가치 있게 여기고 인정해 준다.
- 나는 조직의 비전과 사명을 이해한다.
- 나는 우리 회사의 리더들을 신뢰한다.
- 우리 조직은 내 웰빙을 최우선으로 생각한다.

그렇지만 조직이 높은 평가를 받고 이처럼 중요한 평가 기준이 실제로 적용되려면, 먼저 직원들은 자신이 인간으로서 업무성과를 어떻게 높이는지, 어떻게 하면 감정을 스스로 더 잘 조절할 수 있는지, 그리고 무엇이 자신과 팀 사이에서 따뜻한 유대감과 지지를 느끼게 하는지 이해해야 한다. 이것이 바로 우리가 매일 맞이하는 직장 생활을 완전히 바꾸는 데 필요한 활력 넘치고 높은 성과를 창출하는 일상 속 습관을 형성하는 토대로, HR이 모든 리더와 직원에게 반드시 가르쳐야 하는 '브레인 온!' 기술이다. 이러한 '브레인 온!' 기술을 가르치지 않는 조직은 직원 참여도, 리더십 역량, 그리고 조직의 건강과 성공을 결국 운에 맡기는 셈이다.

그렇다면 HR 전문가로서 독자 여러분은 뇌를 일깨우는 '브레인 온!' 직원 경험을 어떻게 만들어낼 수 있을까? 전반적으로 보면 사람들이 일하는 방식을 혁신하고 에너지 넘치는 하루를 만들어가는 데 도움이 되는 네 가지 핵심적인 단계가 있다.

1단계: 조직 차원의 '브레인 온!' 프로젝트를 개시한다

HR 부서는 먼저 조직의 모든 구성원을 대신하여 그들에게 서비스를 제공하면서, 그리고 경영진 등 리더십 포지션에 있는 사람들의 지지를 확보하기 위해, '브레인 온!' 프로젝트의 코치이자 주도자로서 갖는 HR의 역할과 책임을 분명히 인식해야 한다. HR 부서 전체가 '브레인 온!'은 부서의 운영 방식인 동시에 자신들이 개발하고 지원하는 모든 것의 기본 틀이라는 데 합의해야 한다. 그렇지 않으면 마치 경기장에 선수들이 모이기도 전에 게임이 끝나버리는 것처럼, 조직 구성원이 각자 하루를 본격적으로 시작하기도 전에 이미 결과가 정해진다. 번아웃과 스트레스로 인한 업무 몰입도 저하와 이직률 상승이 개인이나 조직의 성과를 계속 갉아먹을 것이다.

HR 부서 소속 각 팀 또는 각 팀이 추진하는 과제에는 서로 차이 나는 목적과 목표, 과업이 있으며, 고작 한 달에 한 번 정도 부서 전체 회의 시간에 각 팀의 진행 상황을 공유한 다음 상위 수준의 프로젝트를 논의하는 경우가 너무 많다. 여기서 내가 제안하는 것은 모든 HR 부서 구성원이 같은 원칙과 목표에 따라 같은 접근방법을 활용하면서 결국 같은 곳을 향해 나아가는 더욱 강력하고 통합된 HR 전략이다. '브레인 온!' 접근방법을 도입한 기업은 대개 직원 경험을 중심으로 하는 종합적인 프로젝트 계획 및 의사소통 일정을 수립하는 방향으로 전환한다. 모든 HR 프로젝트는 특정 부서나 결과물이 아니라 직원의 활동이나 행동, 여정을 기준으로 정의되고 그 범위가 설정된다. 팀 캘린더 또한 부서별로 해야 할 일을 나열하는 대신 개별 직원과 접점이 있는 모든 대화나 업무, 기회를 하나하나 놓치지 않되 종합적으로 반영하도록 구성된다.

이처럼 그달의 직원 경험에 대한 명확한 그림을 갖게 되면 각 HR 팀은 의사소통 일정 등 각종 계획을 더 잘 통합하고 보상 중심적으로 조율하는 동시에, 서로 단절된 자극적인 메시지를 단순히 업무 처리하듯 전달하는 일을 피할 수 있다. 예를 들어, 새로운 교육 관리 시스템이나 급여 시스템 도입 또는 다음 연도 복리후생 프로그램 선택과 같이 까다롭거나 복잡한 업무와 관련된 메시지를 보내야 한다고 생각해 보자. 이때도 특정한 날짜, 주, 또는 달에 직원들이 해야 할 일과 그 직원 경험이 어떤 모습일지를 전체적으로 통합된 관점에서 안내하면, 직원들은 조직이 '브레인 온!' 방식으로 자신들을 신경 쓴다고 생각하는 데 도움이 되는 명확성과 확실성을 느낄 수 있다.

2단계: HR의 모든 결정에 '브레인 온!'을 주입한다

3부의 앞부분에서는 HR이 직원들 앞에 (물론 의도치 않게!) 던져놓는 몇 가지 장애물을 간단하게 설명한 바 있다. 이제 HR 전문가로서 독자 여러분의 목표는 이러한 장애물뿐만 아니라 조직 내 다른 많은 장애물이 직원들이 '브레인 온!' 상태에서 에너지 넘치는 하루를 보내는 데 방해가 되지 않도록 하는 것이다. 이를 위해, HR은 다음과 같은 전략적 의사결정 과정에 '브레인 온!' 접근방법을 내재화해야 한다는 점을 인식해야 한다.

- 인재를 유치하고 관리하며 유지하는 방법
- HR이 제공하는 인사 서비스
- 조직이 기대하는 리더십 역량 및 인적자원 관리 책임
- 모든 이해관계자와 고객이 인식하는 조직의 브랜드와 평판
- 기업의 혁신, 제품 및 성과
- 지역 사회와 세상에 대한 공헌

그렇다면 '브레인 온!' 접근방법을 활용하여 이상의 목표를 성공적으로 달성했는지 어떻게 알 수 있을까? 바로 조직 전체에 특정한 메시지를 보내거나 새로운 프로젝트를 공식적으로 시작하기 전에 HR 차원에서 의도적으로 '일시정지' 버튼을 누르는 것이다. 그리고 이런 질문을 자신들에게 던지면 된다. '메시지는 명확한가, 아니면 불확실성을 유발할 것인가?' '이번 프로젝트는 조직과 직원의 관계를 강화할 것인가?' '이 계획은 조직 전체에 보상으로 받아들여질까? 아니면 특정 집단에는 불공평하거나 불평등한 위협으로 인식되어 그 집단에 속한 직원들 사이에 '브레인 오프' 상태에서 두려움 기반의 반응을 촉발할 것인가?' 이처럼 의도적으로 잠시 멈추는 전략은 HR이 조직 구성원에게 위협이나 자극이 아니라 가치 있는 자원과 보상을 제공하는 부서로 인식

되도록 하는 데 매우 중요한 역할을 한다.

HR의 행동이나 메시지가 '브레인 온!' 접근방법에 얼마나 부합하는지를 진단하는 또 다른 방법은 HR 전문가로서 경청 능력을 활용하여 직원들의 태도나 반응에서 드러나는 미묘한 변화에 주목하는 것이다. HR이 최근 발송한 공지나 메시지에 관해 조직 구성원들이 HR에 이메일을 보내 불만을 제기하거나 우려를 표명하는가? 이는 HR이 사람들의 뇌가 '오프라인' 상태로 전환되도록 유도했다는 뜻이다. 어떤 메시지나 지침, 프로젝트를 통해 의도치 않게 조직 구성원들의 편도체를 활성화해 이들을 감정적으로 불안하게 만들었고, 그 결과 직원들은 그 시간 동안 최상의 상태에서 사고하거나 행동하지 못한 것이다. 한편, 이처럼 HR이 만든 장애물이 얼마나 심각한지를 관찰하는 방법도 있다. 다음 연도 복리후생 프로그램 선택이나 준법 경영 및 규정 준수 교육과 같은 일에 참여하지 않거나 중요한 기한을 놓치는 임직원 수를 파악하는 것이다. 이는 특정 프로젝트나 변화를 도입하지 말아야 한다는 뜻이 아니라, 해당 프로젝트나 변화가 어떻게 전달되고 보상과 위협 중에 무엇으로 인식되는지가 문제인 경우가 많다는 뜻이다. 어떤 행위가 집단 차원에서 위협으로 인식되면 분노나 좌절, 무기력, 회피, 단절 등의 문제가 나타난다. 반면, 보상은 사람들을 앞으로 움직이게 하거나 원하는 행동 또는 태도를 만들어낸다.

3단계: 조직 내 모든 구성원에게 뇌 훈련 프로그램을 제공한다

'브레인 온!'을 주도하고 실행하며 코칭하는 부서로서 HR의 역할은 조직 구성원의 정신적 강인함과 직업적 웰빙을 증진하는 것이다. 이를 위해서는 개별 직원이 자기 뇌가 작동하는 방식과 브레인 파워, 즉 지적 능력을 최적화하고 활용하는 방법을 이해하는 데 도움을 주는 적절한 교육과 수단, 자원을 제공해야 한다. 앞서 소개한 1단계와 2단계가 운영의 토대를 구축하는 과정이라면 이 3단계는 '브레인 온!' 접근방법이 실제로 생명력을 얻는 지점이다. '브레인 온!'으로 이끄는 지식과 기술을 갖추면 직원 경험이 혁신적으로 변화하고 직원들의 일상에 활력을 불어넣을 수 있다.

그렇다면 '브레인 온!' 훈련 프로그램은 어떻게 진행될까? 전통적인 접근방법은 관리자를 대상으로 점심 식사와 함께 일회성으로 감성지능에 대해 교육하는 것이다. 아니면 마이어스-브릭스 유형 지표Myers-Briggs Type Indicator(MBTI)나 DiSC, 갤럽의 클리프턴 강점 진단(4장 참조)과 같은 일종의 성격 및 행동 유형 검사를 잠재력이 큰 직원이나 리더에게 제공하는 정도다. 물론 이런 방식의 교육이나 검사가 꽤 도움이 되고 괜찮은 출발점이 될 수는 있지만, 종종 단발성에 그치는 데다 그 내용이나 결과가 추상적인 경우가 많으며 실제 성과 목표 또는 일상적인 상호작용과 대화에 제대로 반영되기 어렵다는 문제가 있다. 게다가 일반적으로 이런 교육이나 검사는 일종의 혜택처럼 일부 임직원에게만 제공된다는 한계도 있다. 만약 이러한 유형의 교육, 훈련, 진단, 평가 등을 모든 직원에게 확대 적용한다면, 조직 전체가 '브레인 온!' 상태로 업그레이드될 것이다. 임직원 교육훈련에 접근하는 새로운 방법인 '브레인 온!'은 여러 단계로 구성되어 있으며, 일상 업무를 비롯해 각종 회의나 직무에 내재하는 다양한 기술과 역량을 단계별로 꾸준히 개발하는 방식이다. 그리고 '브레인 온!' 훈련 프로그램의 목표는 가능한 한 많은 직원에게 자신의 뇌가 어떻게 설계되어 있으며 어떻게 하면 정신적으로 강인해질 수 있는지 교육하는 것이다.

내가 자주 받는 질문 중 하나는 "직원들의 스트레스를 어떻게 줄일 수 있습니까?"이다. 많은 기업과 조직에서 스트레스 관리에 관한 점심 교육 프로그램을 한두 차례 제공하지만, 이 역시 그 조직의 집단적 뇌를 훈련하고 강화해서 평생 지속되는 좋은 습관을 기르는 데는 거의 효과가 없다. 높은 성과를 내고 회복탄력성이 뛰어난 '브레인 온!' 업무 환경을 조성하기 위해 HR은 조직 구성원의 업무 스트레스를 줄이고 직장 생활에 활력을 불어넣는 데 중점을 두고 상시 제공되는 교육 과정과 도구를 확대하고 도입하는 일에 초점을 맞춰야 한다. '브레인 온!' 훈련 프로그램의 예로는 성장형 사고방식 프로그램, 무의식적 사고 편향 통제 기법, 마음챙김 훈련 등을 들 수 있다. 이런 프로그램을 자체적으로 개발하든 아니면 외부 협력사를 통해 제공하든 상관없이, 핵심은 뇌 최적화에 관한 광범위한 주제를 다루는 프로그램을 기초부터 심화까지 여러 단계에 걸쳐 연중 제공하는 것이다. 이때 시각, 청각, 직접 체험 등 모든 학습 방식에 맞춰 다양한 매체(인쇄물, 오디오, 영상, 웹, 앱, 현장 교육 등)를 활용하여 잘게 나누어 소화하기 쉬운 형태로 프로그램을 구성해야 한다.

예를 들어, 현재 내가 일하는 NFP라는 기업에서는 멘탈 피트니스 전문 업체와 협업하고 있으며, 이들은 방대한 영상 교육 프로그램, 상시 발송 가능한 임직원 메시지, 그리고 교육 내용을 매일 실천하는 데 도움을 주는 핸드폰 앱까지 제공한다. 교육 과정은 12주 단위로 운영되고 각 과정은 분기별로 하나의 주제(직장에서 압박감과 방해 요인 극복하기 등)에 초점이 맞춘다. 전 세계 모든 임직원은 주중에 두 차례 제공되는 30분짜리 실시간 온라인 교육에 참여할 수 있다. 게다가 해당 주제에 맞춰 직장에서 매일 실천하는 방법과 다양한 명상법을 알려주는 임직원 전용 앱도 활용할 수 있다. 결과적으로 12주가 지나고 나면 해당 업무 환경에서 우리 뇌가 어떻게 작동하는지 배우게 된다. 또한 우리 뇌 속의 중요한 특정 정신적 근육을 단련하고 좋은 습관을 기르는 방법을 알고 실천할 수 있을 뿐만 아니라 교육 참가자들이 함께 배우고 연습하는 과정에서 더 강력한 내부 공동체를 형성하게 된다.

한편, 교육훈련 활동의 효과와 영향을 측정하기 위해서는 정신적 웰빙이 주관적 척도라는 점을 기억해야 한다. 즉, 직원 본인만이 스스로가 '브레인 온!' 상태에서 '에너자이저' 모드로 하루를 보내고 있는지 판단할 수 있다는 말이다. 그러므로 직원들의 뇌와 직장 내 관계를 강화하기 위해 HR이 주도하는 프로젝트가 얼마나 성공적인지 판단하는 가장 좋은 방법은 궁극적으로 직원들의 피드백일 수밖에 없다. 예컨대, 각 강의 전후에 짧고 간단하게 설문 조사를 하기만 해도 해당 강의의 효과를 측정하는 데 도움이 될 수 있다. 강의를 시작할 때 참가자들에게 자신이 느끼는 스트레스 수준을 1(낮음)에서 5(높음)까지 점수를 매기게 한 다음 강의가 끝날 때 다시 평가하면, 대부분 스트레스와 불안이 즉각적으로 감소한 결과가 나타난다. 실제로 NFP 직원들이 30분짜리 강의에서 배운 방법을 실시간으로 연습하기만 해도 이처럼 긍정적인 결과를 보고하는 것으로 알고 있다. 이는 해당 직원이 강의를 들은 그날 남은 시간 동안 직장에서 생산성과 성과가 향상되는 결과로 이어진다. 이것이야말로 조직과 개인 모두에게 이득이 되는 윈윈 결과가 아닐까?

여기서 한 걸음 더 나아가면, 특정 강의가 끝나고 4주 및 8주가 지난 시점에 참가자들을 대상으로 하는 후속 설문 조사를 통해 배운 내용을 계속 실천하고 있는지, 그리고 스트레스 수준이 낮다고 느끼는지 확인할 수 있다. 이때 설문 조사에는 자유롭게 의견을 기재할 수 있는 공간을 포함해서 향후 더 많은 임직원의 관심과 참여를 유도하는 메시지에 활용할 수 있는 성공 사례를 취합하기를 바란다. 마지막으로 앱 또는 특정 기술 활용도에 대한 협력 업체 보고서도 훈련 프로그램의 성공 여부를 판단하는 데 상당한 도움이 된다.

4단계: HR 팀별 맞춤형 '브레인 온' 전략을 수립한다

나는 HR 부서의 모든 팀은 매일 조직 전체의 감정을 조절하는 동시에 팀 전체 구성원의 감정도 조절해야 한다고 믿는다. 전혀 쉽지 않은 일임을 잘 알고 있다. 하지만 각 HR 팀의 의사결정과 의사소통에서 나타나는 '브레인 온!' 품질 또는 수준은 조직 전체에 배려 문화와 정신적 웰빙 문화를 조성하는 데 매우 큰 영향을 미친다. 각 HR 팀의 성격에 따라 '브레인 온!' 접근방법을 개별적으로 준비하는 방법에 관한 몇 가지 제안 내용은 다음과 같다.

학습·개발 L&D 팀

이 팀을 가장 먼저 다루는 이유는 조직을 '브레인 온!' 상태로 전환하는 데 있어 학습 및 개발 Learning & Development(L&D)이 가장 큰 역할을 하기 때문이다. 현대 사회에서 개인 차원의 발전은 대체로 만 18세를 전후로 멈춘다. 결국 우리는 소위 어른이 되는 법, 특히 직장에서 공감하고 성숙하며 관대하게 행동하는 법을 제대로 배우지 못한다. 우리 뇌가 학습하고 업무를 수행하며, 팀 내 다른 구성원들과 상호작용하는 방식도 배운 적이 없다. 자신의 감정을 조절하는 방법이나 자신의 감정을 인식하지 못한 결과 이를 효과적으로 해소하지 못할 때 발생하는 업무상 및 개인적 영향에 대처하는 지침을 담은 매뉴얼도 당연히 받지 못했다. 이러한 '학습 격차'는 HR 부서의 L&D팀이 조직의 정신적 웰빙과 미래의 성공을 위해 주도적으로 해결해야 할 도전 과제다.

L&D팀은 직원 및 조직 전체가 더 생산적이고 지속 가능하며 회복 가능한 방식으로 일할 수 있도록 이끄는 실행 책임자라 할 수 있다. 개인의 뇌가 작동하는 방식, 조직 차원의 집단적 뇌가 작동하는 방식, 그리고 집중력, 생산성, 시간 관리, 대화 및 의사소통 역량을 강화하기 위해 뇌를 훈련하는 방법에 대한 이해는 모두 성인 대상 발달 교육의 주제이자 성인이라면 갖춰야 할 능력이다. 나는 사람 중심의 문화와 함께 성공하는 조직에서는 L&D팀의 주도로 웰빙 프로그램을 운영한다는 사실을 발견했다. 이제 독자 여러분이 속한 L&D팀은 직원과 리더 모두가 직장에서 '브레인 온!' 상태에서 활력 넘치는 직장 생활을 하는 데 도움이 되는 모든 교육 과정의 커리큘럼의 설계자 역할을 해야 한다. 정신적으로 강인하고 높은 성과를 내며 협력하는 태도를 갖춘 직원으로 모든 조직 구성원을 육성하는 일은 바로 L&D팀이 피할 수 없는 과제다.

'브레인 온!' 관점에서 L&D팀의 역할은 감성지능, 무의식적 사고 편향, 집중력 및 주의력 훈련, 자기 인식, 까다로운 대화 진행, 효과적인 대인 관계 기술 등 개인 역량의 극대화에 도움이 되는 교육 과정과 전반적인 커리큘럼을 설계하는 것이다. 또한 조직의 집단적 뇌를 성공적으로 훈련하기 위해서는 L&D팀이 HR 부서 내에서 인재관리팀, 복리후생팀 및 다양성·형평성·포용성·소속감DEIB팀 소속 동료들과 긴밀히 협력해야 한다. 이들 팀의 목표와 추진 과제는 심리적으로 안전하고 포용적인 조직 문화를 조성하는 관점에서 서로 겹치는 부분이 상당할 것이기 때문이다. 결국 조직의 성공은 멘탈 피트니스 훈련 과정의 깊이, 넓이 및 몰입도와 조직 내 모든 계층의 참여 수준에 따라 결정된다. 이것이 바로 L&D팀이 주도하는 통합적인 HR 접근방법이 현재와 미래의 업무 환경을 혁신하는 데 꼭 필요한 이유다.

채용팀

기업에서 핵심 인재를 유치하려는 노력은 프로 스포츠팀에서 최고의 선수를 스카우트하는 일이나 명문 대학에서 입학 원서를 검토하고 지원자를 면접하는 과정과 매우 비슷하다. 채용팀에 소속된 독자 여러분은 최고의 실력과 잠재력을 지닌 인재를 경쟁사에 한발 앞서 우리 조직으로 데려와야 할 책임이 있다. 그리고 우수 인재의 실력이나 잠재력은 더 이상 단순한 업무 관련 기술이나 성과로만 결정되지 않는다. 따라서 채용팀은 지금까지 논의한 '브레인 온!' 방식의 대인 관계 기술을 갖추고 있고, '브레인 온' 접근방법에 열린 마음을 가지고 전체 직원을 변화시키며 에너지를 불어넣을 수 있는 인재를 특히 중간 관리자와 리더 수준에서 찾아야 한다.

조직의 '첫 얼굴이자 첫 두뇌'로서 채용팀 구성원이 채용 후보자와 나누는 일대일 대화는 해당 후보자가 조직에 합류하는 데 보상으로 작용하거나 장애물로 작용할 수 있다. (결국 첫인상이 중요하다.) 따라서 여러분은 '브레인 온!' 역량, 특히 호기심이나 경청, 공감과 같이 최근 채용 담당자에게 더욱 중요해지고 있는 인간 중심의 '소프트 스킬'을 실제로 발휘해야 한다. 여기서 다시 한 번 분명히 밝히지만, 소프트 스킬이라는 표현은 적절하지 않다. 이는 배우고 개발하기에 전혀 쉽지 않은 기술이자 능력으로, 채용 과정을 관리하고 채용 시스템을 운영하며 채용 후보군을 확보하는 것만큼이나 많은 시간과 노력, 집중력, 연습이 필요하기 때문이다.

인재관리팀

인재관리팀이 주관하는 주요 계획과 프로그램 중 상당수가 '브레인 온!' 접근방법에 따라 직원 경험의 성공 여부를 좌우할 수 있다.

- **온보딩** onboarding. 인재팀이 조직의 '브레인 온!' 홍보대사 역할을 담당하면서 조직에 새롭게 합류한 직원이 첫날부터 잘 적응할 수 있도록 돕는 시기다. 사실 모든 새로운 직장에서 맞이하는 첫 며칠은 신규 입사자에게 가장 두려운 기간이다. 신입 직원 뇌의 편도체는 과잉 경계 상태에 있으며, (대부분 사실이 아닌) 새로운 믿음이나 이야기는 순식간에 형성된다. 신입 교육 과정이나 첫 출근 후 며칠 동안 이들에게 '브레인 온!' 접근방법을 소개하고 관련 기술 및 전략을 교육하는 것은 매우 훌륭한 첫 번째 임무가 될 것이다.
- **최초 90일 교육.** 온보딩 기간이 30일, 60일, 또는 바람직하게는 90일인지에 관계없이, '뇌가 민감한' 결정적으로 중

요한 시기에 신규 입사자에게 '브레인 온!' 접근방법과 관련 기술을 전략적으로 교육해야 한다. 새로운 환경에서 뇌가 어떻게 작동하는지와 어떤 점을 주의해야 하는지, 어떻게 해야 새로운 팀원이나 동료들과 더 탄탄한 관계를 형성할 수 있는지에 대한 교육이 필요하다. 또한 자신의 강점을 상사에게 전달해 초기 업무 목표 설정과 직무 범위 논의에 반영될 수 있도록 유도해야 한다.

* **성과 계획 및 평가.** 앞서 이야기한 바와 같이, 목표를 설정하는 행위 자체가 사람들을 자극하여 '브레인 오프' 모드로 바꿀 수 있다. 그래서 성과 계획 시기가 되면 직원들이 목표를 자신의 강점이나 웰빙과 연계하는 것이 중요하다. 그리고 이러한 목표를 검토하고 피드백을 제공할 때 많은 기업에서 연간 성과 평가 제도를 폐지하고 있다. 그해 전체의 업무성과와 개선할 부분을 한꺼번에 파악하는 것은 종종 부담스러운데다 비생산적이기 때문이다. 지난 1년간 자신이 쏟은 모든 노력을 되돌아보는 과정은 그 자체로 직원의 뇌가 '오프라인' 상태가 되어 기능을 멈추게 만드는 경우가 많다. 목표 설정이 '브레인 오프' 상태를 유발할 수 있는 것처럼 연간 성과 평가도 일반적으로는 직원 개인에게 같은 영향을 미친다. 이제 조직의 리더를 대상으로 성과 관련 논의가 직원들에게 가장 심각한 촉발 요인이 될 수 있는 이유와 직원들의 뇌를 '브레인 온!' 상태로 유지하도록 이러한 대화를 구성하는 방법을 교육해야 한다. 또한 직원

들에게 활력을 불어넣고 업무성과에 대한 확신을 주기 위해 연중 수시로 개별 직원의 성과를 인정하고 세심하게 준비한 건설적인 피드백을 제공하도록 장려해야 한다. 그렇게 되면 직원들의 편도체는 '걱정'으로 인해 활성화될까 봐 '걱정'하지 않아도 된다. 그리고 직원들은 조직이 자신을 소중하게 여기고 자신의 가치를 인정한다는 감정을 더 강하게 느끼게 되어 '브레인 온!' 상태를 유지할 수 있다.

- **까다로운 대화 대처 교육.** L&D팀과 협력하여 조직 내 모든 구성원이 연중 계속되는 성과 관련 논의뿐 아니라 다른 까다로운 대화도 헤쳐 나아갈 수 있는 능력을 갖추도록 이끌어야 한다. 리더와 직원 모두가 이 능력을 갖춰야만 조직 안팎에서 일어나는 힘든 대화를 순조롭게 진행할 수 있다. 감정적인 반발 없이 건설적인 피드백을 제공할 수 있는 조직 문화를 조성할 수 있다면, 정신적으로 강인하고 성공하는 조직의 상징과도 같은 심리적 안정과 투명성을 확보할 수 있다.

보상팀

보상compensation은 임직원의 뇌가 조직으로부터 가장 크게, 그리고 가장 빈번하게 받는 (문자 그대로) '보상reward'이다. 하지만 대표적인 경제적 보상 형태인 급여는 가장 큰 장애물이자 위협으로 작용하여 직원들이 조직과 자신의 직무를 부정적으로 인식하게 되는 색안경을 만들어내기도 한다. 이처럼 보상이 '브레인 오프' 상태를 촉발하면 HR과 리더는 "내 급여는 공정하지 않아요"나 "A 회사로 가면 같은 일을 하고 더 많은 급여를 받을 수 있다네요"와 같은 말을 듣게 된다. 또한 '브레인 오프' 상태인 직원들의 내면에서는 스스로 훨씬 더 큰 상처를 주는 생각이 떠오른다. '이렇게 많이 일하는데 이렇게 적게 받는 게 말이 돼?' '나는 두 사람 몫을 하고 있다고' '우리 회사는 내 가치를 전혀 인정하지 않아' 이처럼 '브레인 오프' 상태의 사고에서 비롯된 불만은 계속 쌓일 것이다. 그리고 극복하기는 점점 더 힘들어지고 결국 다시 '브레인 온!' 상태로 되돌릴 수 없게 된다.

아마도 오늘날 사람들은 대부분 매년 갖는 연봉 협상이나 성과 평가 자리를 제외하고는 자신이 제공한 노동과 연관된 눈에 띄는 보상을 경험하지 못한다. 이제는 일반적인 급여 자동이체와 공과금 온라인 납부 시스템 덕분에 은행 계좌에 입금되는 시간보다 더 빠르게 계좌에서 돈이 빠져나가다 보니 힘들게 번 돈은 들어오는 것만큼이나 빠른 속도로 사라져 버린다. 그리고 이러한 프로세스는 직원들의 뇌를 '브레인 오프' 상태로 전환해 버린다. 월급날이 찾아오면 작게나마 서로 감사하고 축하하는 모습처럼 가시적인 보상 메커니즘이 사라진 지금 직장에서 사람들은 실제가 아닌 인지된 위협 상태에 빠진다. (눈에서 멀어지면 마음에서도 멀어지는 법이다!) 그러면서 자신이 받는 급여와 자신의 가치, 더 나아가 조직은 자신이 쏟는 모든 노력과 자신이 받는 모든 스트레스를 과연 소중하게 여기는지 의문을 품게 된다. '브레인 온!' 접근방법을 활용하는 보상팀이라면 매 급여일에 창의적인 의사소통, 사내 인트라넷 게시글, 일정 알림, 자기 성찰 활동, 경제적 안정성 교육 등을 통해 직원에게 가치, 인정, 감사, 그리고 (경제적) 보상을 전하는 기회를 모색해야 한다.

어느 기업은 급여 지급일마다 행복, 슬픔, 분노 등 세 가지 이모티콘 중 하나를 선택하는 간단한 설문 조사를 실시하며 '지난 한 달의 업무와 성과에 대한 공정한 대가를 받았다고 생각하십니까?'라는 한 가지 질문만 던진다. 그 아래에는 '좋아요' 또는 '싫어요' 표시와 함께 의견란을 포함하여 직원들이 익명으로 자기 생각을 작성할 수 있다. 이 방식에는 두 가지 효과가 있다. 첫째, 매달 자신의 업무와 급여를 돌아볼 시간을 가짐으로써 직원들은 자신의 기여도와 가치를 분명하게 인식할 수 있다. 둘째, 조직이 구성원에게 관심을 두고 있다는 메시지를 전달한다. 그리고 놀랍게도 대다수 직원은 '좋아요'를 눌렀으며, 실제로 이런 활동에 감사를 전하는 피드백도 많이 전달했다.

복리후생팀

복리후생팀은 직원들에게 활력을 불어넣고 동기를 부여하기 위한 각종 방안을 제공하는 팀으로, 가장 앞장서 조직 구성원을 보살피는 존재다. (그리고 이는 복리후생이 총보상의 일부인 이유이기도 하다.) 그러나 내 경험상 많은 복리후생 프로그램과 서비스는 은퇴 자금이 부족할 수 있다거나, 다음 연도 복리후생 프로그램을 선택할 기한을 놓치면 의료비 지원 혜택을 받지 못하는 것과 같은 두려움을 기반으로 한다. 그래서일까? 직원 관점에서 복리후생팀은 '해야만 하는 일'과 '놓치면 안 되는 위험 요인'으로 가득 차 직원들의 뇌를 '오프라인' 상태로 만들어버리는 팀인 경우가 많다.

따라서 이러한 복리후생 프로그램을 알리고 홍보할 때는 그 내용이나 메시지가 무엇이든 직원 100명 가운데 99명의 뇌는 작동을 멈출 것이라고 가정해야 한다. 의료비나 장기 요양 비용 지원처럼 그 혜택이 아무리 중요하고 직원들의 삶이나 경제적 상황에 도움을 주려는 목적이 있는 경우라도 마찬가지다. *예를 들어, 선택적 복리후생 제도를 운영하는 조직에서 다음 연도의 복리후생 혜택을 선택하는 과정이 어떻게 진행되는지 생각해 보자. 매년 이 과정이 시작되면 전 세계 각지의 직원들은 두 가지 질문을 던진다. 바로 '보험료 등 내가 내야 하는 돈은 얼마나 늘어나는 건가요?'와 '내년에 없어지는 의료보험 혜택은 어떤 것인가요?'다. '복리후생 프로그램 선택'이라는 단어 몇 마디만 보더라도 경고등이 켜지는 것이다. 이처럼 많은 사람이 다음 연도 복리후생 프로그램 선택 프로세스를 복잡하고 무서우며 답답하고 부담스럽게 여기다 보니 대체로 마지막 날까지 선택을 미룬다. 이는 자신이 내년에 얼마나 아플지, 얼마나 많은 약을 처방받아야 할지, 혹은 내년에 자신 또는 배우자가 사망하면 얼마나 많은 돈

---

* 이때 미국처럼 민간 보험사 중심의 의료보험 제도를 운용하는 국가에서 기업 임직원은 복리후생 차원에서 본인 부담 보험료, 보장 범위, 병·의원 접근성 등을 고려해 자신에게 가장 적합한 의료보험을 선택함

이 필요할지를 미리 생각하고 싶은 사람은 없기 때문이다. 정말 상상하기 싫은 일이 아닌가? 그러니 사람들의 뇌가 '오프라인' 상태로 전환되어 아무것도 결정하지 못하거나 잘못된 결정을 한다고 해서 놀랄 이유는 없다.

심지어 다음 연도 복리후생 프로그램 선택 기간에 소개하는 '반짝이는 신규 혜택'조차도 사람들의 뇌를 자극하여 '오프라인' 상태로 바꿀 수 있다. 예를 들어, 매년 건강 검진을 받거나 분기별 건강 활동 목표(걸음 수 기록, 건강한 식습관 준수 등)를 달성하면 회사 복지 카드에 30만 원 상당의 포인트를 지급하는 제도를 도입해 소개할 수 있다. 문제는 이미 그렇게 하는 사람들, 즉 활동적이고 건강한 뇌를 가진 사람들만 이 새로운 혜택을 선택한다는 데 있다. 대다수 직원의 뇌는 좋아하는 설탕 가득한 음료와 간식을 포기해야 한다거나, 건강 검진을 위해 주삿바늘에 찔린다거나, 아니면 이 신규 제도에 맞춰 운동할 시간을 내거나 홍보하는 운동으로 전환해야 한다는 생각만으로도 두려움에 휩싸여 즉시 반응한다. 이런 즉각적인 '브레인 오프' 반응 사례는 복리후생 프로그램 선택 프로세스와 관련이 있다. 게다가 연중에 직원들이 단체 의료보험 등 복리후생팀이 준비한 혜택을 활용하는 경우는 출산 정도를 제외하고는 대부분 무섭고 스트레스가 많은 '브레인 오프' 상황이라서 복리후생과 관련하여 직원들이 갖는 두려움은 한층 더 강화될 뿐이다.

이 외에도 수많은 사례를 찾을 수 있지만, 여기서 중요한 점은 조직 구성원에게 도움이 되는 엄청난 복리후생 프로그램을 준비하기 위한 복리후생팀의 모든 노력이 즉각적으로 그리고 끊임없이 직원들의 뇌를 '브레인 오프' 상태로 바꿔버리거나 그 상태를 유지하게 만든다는 것이다. 이것이 바로 복리후생 프로그램 이용률이 낮아지고, 복리후생 혜택을 적극적으로 소비하려는 성향이 강하게 나타나지 않는 이유다. 또한 많은 사람이 응급실을 주치의처럼 이용하고, 응급 상황이 닥칠 때만 의료 서비스를 찾은 이유이기도 하다.

다음 연도 복리후생 프로그램 선택 기간은 복리후생팀이 직원들과 마음을 다해 소통하고 실력을 발휘할 수 있는 시기다. 이 시기 직원 경험을 '브레인 온!' 상태로 만들 수 있는 몇 가지 힌트를 다음과 같이 소개한다.

- 인간 중심의 디자인 사고와 뉴로 마게딩 기법을 활용해 '매력적인 복리후생 프로그램 가이드'처럼 독창적인 의사소통 방법을 개발해야 한다. 많은 기업이 이 가이드를 여러 해 동안 업데이트하지 않을 뿐만 아니라, 대부분 직관적이거나 사용자 친화적이지 않다. 이런 가이드에 직원 구성을 반영한 다양한 사례와 이야기를 추가하면 직원들의 관심을 불러일으키는 데 큰 도움이 된다. 건강 저축 계좌나 부양가족 돌봄 계좌처럼 비용을 절감할 수 있는 복리후생 혜택 옆에 돈 모양의 아이콘을 표시하는 것도 직원들의 뇌를 다시 '온라인' 상태로 전환해 직원들이 이런 혜택을 활용하도록 유도하는 데 매우 효과적이다. 한편, 인트라넷이나

복리후생 프로그램 선택 시스템에 일부 제도나 서비스만 단순히 나열하는 대신, 모든 복리후생 제도와 서비스를 한데 모아 핸드폰 앱에 보여주기만 해도 직원들은 언제든지 필요한 정보를 찾고 중요한 결정을 내릴 때 배우자 등 가족과 함께 논의할 수 있다.

- 기업이 보유한 골프장이나 콘도 회원권을 활용해 직원들이 할인된 가격으로 예약하는 것처럼, 라이프스타일에 따라 직원 본인이 비용을 부담하는 복리후생 프로그램을 연중 수시로 홍보하고 이용할 수 있도록 준비해 보기를 바란다. 그러면 직원들이 더 많은 시간을 들여 이러한 복리후생 제도를 더 많이 알고 더 자주 이용할 뿐만 아니라, 다음 연도 복리후생 프로그램을 선택할 때 너무 많은 선택지로 인해 유발되는 위협 반응을 줄일 수도 있다. 나는 복리후생팀에서 중증 질환, 장기 요양, 간병 등 특정 복리후생 제도를 한 달에 하나씩 골라 직원 교육을 진행했을 때 복리후생 프로그램 이용률이 큰 폭으로 상승하는 현상을 여러 차례 목격했다. 이렇게 하면 직원들의 뇌를 '브레인 온!' 상태로 유지할 수 있으며, 직원들에게 하나씩 합리적이고 적절하게 결정할 수 있다는 자신감을 심어줌으로써 직원들은 무언가 보상받고 있다는 느낌을 받게 된다. 자, 잠시 멈춰서 확인해 보자. 직원들이 연중 수시로 복리후생 프로그램을 선택하고 이용할 수 있어야 한다는 내 제안이 복리후생팀 소속 독자 여러분의 뇌를 '브레인 오프' 상태로 만들었는

가? 만약 그랬다면, 천천히 세 번 심호흡하자. 할 일이 많은 것처럼 들릴지 모르지만, 사실은 그렇지 않다. 특히 보험사 등 복리후생 제도를 전문적으로 운용하는 곳과 협력하여 홍보 및 교육 자료를 제작하는 한편, 복리후생 프로그램 선택 시스템을 통해 직원들이 필요한 정보를 얻고 선택할 수 있도록 지원한다면 독자 여러분의 뇌가 '브레인 오프' 상태로 전환될 정도의 일은 아니라고 생각한다.

- L&D팀과 협력하여 다음 연도 복리후생 프로그램 선택 기간 전이나 가능하다면 연중 수시로 임직원 대상의 복리후생 기본 교육을 진행해야 한다. 교육 내용에는 각종 영상 자료, 의사결정 지원 평가, 복리후생 혜택 계산기 등이 포함된다. 이러한 교육을 통해 직원들은 현명한 소비자로서 자신의 신체적, 경제적 및 정신적 웰빙을 위해 노력하는 방법을 배울 수 있다. 결국 이 교육의 목표는 복리후생에서 진정한 혜택을 회복하는 것이다. 교육과 훈련을 통해 직원 개개인이 전문성과 자신감을 키우면 두려움 기반의(브레인 오프) 기존 복리후생 프로그램을 보상 기반의(브레인 온!) 진정한 복리후생 서비스로 전환하는 데 도움이 될 것이다.

다양성·형평성·포용성·소속감 DEIB 팀

다양성, 형평성, 포용성, 소속감 등 DEIB의 모든 측면은 개인의 경력 전반에 걸쳐 매일 훈련하고 실천하여 능력을 높일 필요가 있는 '브레인 온' 멘탈 피트니스 운동이다. 인간은 사회적 집단 속에서 살아가도록 태어났지만, 쉽게 관계를 맺거나 개인의 차이와 필요를 존중하는 건강한 관계를 유지하도록 설계되지는 않았다.

우리와 다른 사람은 누구든 우리 뇌를 무의식 속에서 자극하여 '오프라인' 상태로 바꿀 수 있다. 그래서 편견을 완화하고 판단을 유보하며 차이점보다는 공통점을 보는 것뿐만 아니라, 타인의 편에 서고 연민의 마음을 보이는 것까지 전부 '브레인 온!' 접근방법에서 핵심적인 측면이자 주목할 지점인 것이다. 직장에서 매일 갈등, 긴장, 스트레스, 그리고 부정적 감정을 유발하는 장애물을 인식하고 제거하는 방법을 리더와 직원들에게 교육하는 일은 조직이 그 문화와 브랜드, 명성을 지키기 위해 최우선으로 완수해야 하는 과제다.

DEIB팀의 핵심은 우리가 가진 오랜 습관과 행동 패턴, 사고방식을 재구성하는 것이다. 조직의 집단적 뇌를 열린 마음과 포용력을 지닌 상태로 업그레이드하려면 상당한 시간과 헌신, 그리고 모든 조직 구성원의 교육과 훈련이 필요하다. 그리고 이는 DEIB팀이 이와 같은 역량 강화 교육을 준비하면서 L&D팀과 긴밀히 협력하는 것이 중요한 이유이기도 하다. DEIB 교육에 관한 몇 가지 아이디어를 다음과 같이 제안하고자 한다.

- **모든 직원이 자신의 뇌가 어떻게 편견을 갖도록 설계되어 있는지, 그리고 이런 모습이 완전히 정상적인 현상임을 이해할 수 있도록 도움을 제공해야 한다. 사람들은 자신이**

더 잘 알아야 했거나 더 잘 행동해야 했다는 생각이 들거나, 혹은 어떤 사실을 몰랐을 때 수치심과 자기혐오를 느낄 수 있다. 또한 잘못된 말을 하거나 잘못된 행동을 할까 봐 두려워 다른 사람과 연결되고 소통하기를 망설이는 경우도 많다. 사람들이 자신의 뇌가 편견에 쉽게 휘말린다는 사실을 이해하고 나면 교육과 실천을 통해 자신의 뇌를 업그레이드할 방법을 파악할 수 있다는 점을 가능한 한 많은 기회를 통해 반복적으로 강조해야 한다.

- **무의식적 사고 편향에 관한 교육과 훈련은 한두 번으로는 충분하지 않다.** 그것만으로 사람들의 뇌를 재구성하고 DEIB 같은 중요한 습관을 심어줄 수는 없기 때문이다. 의사소통, 대화, 그리고 의사결정 능력을 개발하기 위한 모든 학습·개발 교육 과정에 편견 완화 기법을 포함하는 것이 핵심이다. '브레인 온!' 감사로 시작하여 개별 직무 성과와 관련된 기술 외의 모든 직원 교육 프로그램을 검토할 수 있다. 그런 다음 특정 주제에서 어떠한 편견이 나타날 수 있는지 그리고 멘탈 피트니스 운동을 통해 어떻게 '브레인 온!' 상태가 되어 그러한 편견을 완화할 수 있는지에 관한 내용과 함께 각종 사례 및 그룹 토론을 교육에 포함해야 한다.

- **DEIB 계획을 웰빙 프로그램의 핵심 요소로 반영하고 지속하는 것이 매우 중요하다.** 만약 누군가가 조직 내에서 존중받지 못하고 자신의 목소리를 내지 못하며 포용되지

못한다면, 이는 그 사람의 뇌가 '오프라인' 상태에서 제 기능을 하지 못하며 위협이나 공포 상태에서 작동하게 된다는 의미다. 또한 그의 몸과 마음에는 스트레스 반응으로 인한 생리적 영향이 나타난다. 이러한 사람들은 회의에 적극적으로 참여하거나 업무에 온전히 집중할 가능성이 낮다. 조직 내에서 느끼는 강한 소속감은 직장에서 개별 직원 웰빙의 근간이다. 따라서 DEIB팀은 웰빙 프로그램이나 인센티브를 설계할 때 공동체 구축, 공감, 연대, 그리고 사고의 다양성을 반영해야 한다. 가장 손쉬운 출발점은 사내 온라인 포럼이나 모임을 만드는 것이다. 이러한 공동체는 임직원 지원 그룹 등 다양한 이름으로 불릴 수 있다. 경험을 공유하고 교육 과정을 운영하며, 특정 공동체를 위해 기념일을 축하하는 모습은 조직 구성원이 서로에 대한 공감과 공동체 의식을 형성하는 데 도움이 될 수 있다. 특히 이와 같은 행사 참여를 웰빙 포인트 프로그램에 포함하는 것은 DEIB 멘탈 피트니스 훈련을 전반적인 웰빙 프로그램에 쉽게 반영하는 방법이다.

HR의 '브레인 온!' 프레임워크

어떤 조직에서든 일반적으로 HR 부서의 복리후생 같은 각종 프로그램은 가장 크거나 그에 준하는 비용을 소모하는 활동이다. 이에 따라 HR은 종종 커다란 *코스트 센터cost center로 인식되어, 의도치 않게 C-레벨 최고 경영진과 이사회 구성원 사이에서 '브레인 오프' 반응을 촉발하게 된다. 그러나 HR에 '브레인 온!' 접근방법을 적용하면 이러한 선입견을 뒤바꿀 수 있다. 직원 개인은 물론이고 조직의 생산성을 높이며 최고의 인재를 끌어들이는 조직 문화를 조성하는 데 HR이 미치는 긍정적인 영향을 강조할 수 있기 때문이다. 아래 HR의 '브레인 온!' 프레임워크를 가까운 곳에 두고 직원의 업무 몰입도, 생산성, 성과 등에서 HR의 역할을 경영진과 논의할 때 핵심 자료로 활용하기를 바란다. 조직 및 그 구성원의 웰빙을 먼저 생각해야 할 때 핵심이 되는 내용을 요약 정리한 자료로써 많은 도움이 될 것이다.

HR 부서	'브레인 오프' HR	'브레인 온!' HR
재무 측면의 역할	코스트 센터	투자 센터
서비스 제공 모델	독립형	통합형
기능	비즈니스 지원	비즈니스 가치 창출
목적	인재 유치 및 유지	인재 유치, 유지 및 세밀한 관리
전문성	총보상, 직무능력 개발, 다양성 및 형평성	인간 중심의 성과, 조직·개인의 에너지 관리, 직원 경험

• 코스트 센터cost center : 기업 경영 활동에서 비용이 발생하는 단위 부서

비즈니스 기여도	고성과 조직 형성	정신적으로 강인하고 건강한 고성과 조직 형성
직원 경험 모델	직무상 역할 및 작업 중심	의미, 공헌, 소속감 및 웰빙 중심
직업적 웰빙 모델	직무 기술 습득, 급여 및 승진 기반	자율성, 숙련도, 목적의식, 인정 및 유대감 기반
조직 문화 모델	비즈니스 솔루션, 서비스 및 성과는 팀을 연결하고 하나로 모아주는 접착제 역할을 한다.	인간적 연결, 유대감, 협력, 공감, 그리고 소속감은 사람들을 연결하는 접착제 역할을 하며, 감성지능은 조직 구성원을 하나로 묶는 언어다.

직원 관점	'브레인 오프' HR	'브레인 온' HR
학습·개발 L&D팀	직무 기술 교육훈련	인생 기술, 직무 기술, 뇌 최적화 등 성인의 전인적 발달
인재관리팀	성과: 똑똑한 SMART 목표에 따라 모니터링 및 평가 피드백 및 인정: 연 단위 업무 산출물 및 결과 기반	성과: 강점 기반의 '더' 똑똑한 SMART-ER 목표에 따라 모니터링 및 평가 피드백 및 인정: 업무 산출물 및 결과 기반으로 연중 수시로 360도 피드백 제공

보상팀	결핍의 사고방식, 비용 통제 중심	번영의 사고방식, 경제적 자유 창출 중심
복리후생팀	두려움 기반, 위험 완화 중심의 정책 및 서비스	보상 기반, 삶의 질 향상 중심의 정책 및 서비스
다양성·형평성·포용성·소속감 DEIB팀	표준 지표 및 목푯값 설정 (인력 다양성, 급여 형평성)	사람 중심의 더 폭넓은 지표 (유대감, 포용성, 공정한 임금·복지·승진·보상)

HR의 모든 기능과 프로그램을 조직 구성원의 뇌를 '브레인 온!' 모드에서 에너지 넘치는 상태로 유지하는 데 초점을 맞춘다면, HR 전문가로서 독자 여러분은 직원 경험을 번아웃과 스트레스에서 회복탄력성과 성장으로, 생존에서 번영으로, 그리고 무의미한 일상에서 의미 있는 삶으로 완벽하게 탈바꿈할 수 있다. 결국 '브레인 온!' 조직은 '집단적 뇌'를 업그레이드함으로써 HR, 즉 인적자원의 모든 측면에서 '인간다움'을 되살릴 수 있다.

11장

우리 팀을 진짜로 살아 움직이게 하려면

'브레인 온!' 문화로 다시 태어나는 팀

조직 구성원들이 더 큰 꿈을 꾸고 상상 이상으로 나아가기 위해 진정으로 함께 노력하는 모습을 보는 것만큼 짜릿한 일은 없다. 모든 프로젝트와 부서에 불꽃이 튀는 듯한 생동감이 느껴질 수 있다. 전염성 강한 긍정적인 에너지가 모든 사람에게 가득 차 있다. 조직의 모든 존재가 살아있음을 느끼는 것이다.

'브레인 온!' 문화와 함께 태어나는 조직, 이른바 '브레인 온!' 회생형 조직은 조직이 가진 최고의 기술, 즉 '집단적 뇌'를 끊임없이 업그레이드함으로써 모든 구성원이 최고 수준에서 움직일 때 나타나는 구체적인 결과이자 결정체다. 재생 농업에서 농부들은 매년 농지의 생물 다양성과 생산성을 높이기 위해 꾸준히 노력한다. 같은 개념이 조직의 업무 환경이나 문화에도 적용될 수 있다. 즉, 사람들이 본인의 능력과 생산성, 그리고 전반적인 삶의 질을 높일 수 있도록 조직 차원에서 의식적이고 의도적으로 도움을 제공하는 것이다. 여기서 제시하는 '브레인 온!' 회생형 조직 접근방법은 뉴로리더십 연구소의 공동 설립자이자 CEO인 데이비드 록 박사의 영향을 많이 받았다. 록 박사는 특히 조직은 그 구성원들을 매일매일 더 나은 삶으로 이끌어야 한다는 개념을 선구적으로 제시한 인물이다. 록 박사에 따르면, 회생형 조직으로 향하는 여정에서 다른 무엇보다도 핵심적인 요소는 바로 성장형 사고방식을 갖는 것이다.

'브레인 온!' 접근방법은 록 박사의 이러한 생각을 한 단계 더 발전시킨 결과로, 그 핵심 원칙은 회생형 문화regenerative culture 의 다른 요소들을 구축하는 토대는 바로 '정신적 웰빙'이라는 것이다. 모든 직원은 각자 자신의 감정을 촉발하는 요인이 무엇인지 이해하고 직장에서 매일 마주치는 장애물을 모니터링할 수 있어야 한다. 그와 동시에 조직의 리더와 HR은 이와 같은 촉발 요인과 장애물을 악화시키지 않으며 더 건강하고 행복한 직장생활과 업무 환경을 조성하는 데 모범이 되고 의식적으로 이바지할 수 있도록 자신의 상호작용과 의사소통을 신중하게 평가하고 점검해야 한다. 결국 직원과 리더, HR 모두가 업무 환경과 직장 생활이라는 '토양'에 긍정적인 에너지를 더하는 존재가 되어야 하는 것이다.

그러면 '브레인 온!' 회생형 조직을 목표로 설정해야 하는 이유는 무엇일까? 이는 조직 내 모든 의사결정과 의사소통, 행동은 모든 활동의 배경에 있는 뇌, 즉 사람들에게서 비롯되기 때문이다. 사람들의 뇌가 '오프라인' 상태가 되어 작동하지 않으면 비즈니스도 마찬가지로 움직임을 멈춘다. 바로 이런 이유로 '브레인 온!' 회생형 조직은 우리가 미래에 필연적으로 맞이할 불확실성과 복잡성, 변화에 성공적으로 대응할 수 있는 유일한 조직 형태라 할 수 있다. 실제로 나는 업무 몰입도 저하, 직원 번아웃, 높은 이직률, 임금 격차 등 조직이 겪는 수많은 문제의 근본 원인이 그 구성원들이 대부분 시간 동안 '브레인 오프' 상태, 또는 앞서 7장에서 배운 것처럼 '선 아래'에 있는 경우를 꾸준히 관찰해 왔다. 그리고 이는 상당 기간 기업 임원으로 활동한 내가 현시점에서 이렇게 주장하는 이유다. '나는 조직의 질적 수준과 성공은 무엇보다 '브레인 온!' 상태의 구성원에 달려있다고 믿는다.'

이제 앞서 3장에서 이야기한 개인의 '에너자이저' 모델을 바탕으로 '브레인 온!' 회생형 조직이 다른 유형의 조직과 어떻게 다른지 살펴보자.

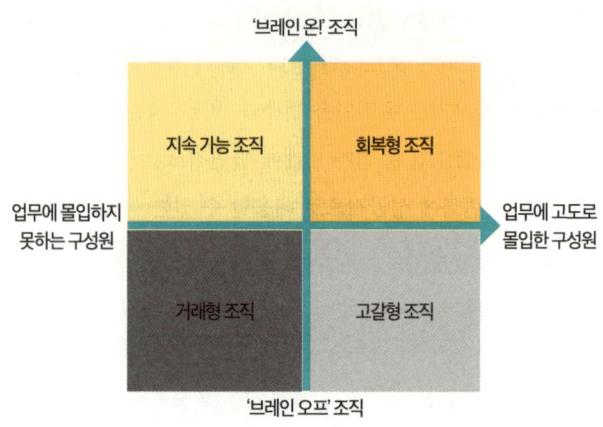

'브레인 온' 조직 매트릭스

거래형 조직 Transactional Organization

거래형 조직에는 심장이 뛰는 듯한 느낌이 없다. 매일 처리해 나가는 업무 외에는 별다른 의미를 주지 못한다. 겉으로는 잘 굴러가는 것처럼 보일지는 몰라도 속이 빈 껍데기처럼 공허한 느낌이 들고 생동감이 전혀 느껴지지 않는다. 바로 활기 넘치는 '회복형 조직'과는 정반대 편에 자리한 유형이다. 이 유형의 조직에서 볼 수 있는 것은 조직과 직원 사이의 관계가 강한 흑백논리로 작동한다는 점이다. 이만큼 일하면 그만큼 받는다는 식의 사고방식이 지배적이다. 군에서 명령을 하달하면 그 지시를 이행하는 모습과 유사하다는 측면에서 이를 지휘통제형 조직이라고 부르기도 한다. 이런 조직에서는 경영진과 직원 간에 의미 있는 교류가 거의 일어나지 않는다. 복리후생이나 급여는 조직의 사명과 연계되지 않으며, 기계적인데다 기본적인 형식만 갖추고 있다. 조직 문화는 전반적으로 위험을 회피하려는 성향이 강하고 낡은 사고방식 패턴(이 책에서 말하는 고정형 사고방식 및 '브레인 오프' 상태)에서 벗어나지 못하는 경우가 많다 보니 발전적이지 못하다. 깊은 절차와 운영 방식이 장기간 그대로 유지된다. 지원들은 조직이 자신을 인정하거나 하나의 인간으로서 소중하게 여긴다고 느끼지 못하기에 업무에 잘 몰입하지 못한다. 이와 같은 거래형 조직을 이끌거나 그러한 방식으로 일하는 리더는 감성지능뿐 아니라 '사람 중심' 사고나 구성원의 정신적 웰빙에 대한 의지도 부족한 모습을 드러낸다.

고갈형 조직 Depletive Organization

고갈형 조직은 구성원들의 뇌가 '오프라인' 상태에서 작동하는데도 생산성이 높은 경우를 말한다. 이런 현상은 조직이 사람들에게 그들의 역량을 크게 초과하는 성과를 계속해서 요구하면서도 그 대가로는 급여나 보너스와 같은 금전적 보상 형태의 총 보상 패키지만을 제공할 때 발생한다. 또한 고갈형 조직은 적은 인원으로 더 많은 일을 요구하고, 급여 등 경제적 보상이 공정하지 않으며, 인정 역시 일관성 있고 의미 있는 방식으로 이루어지지 않는다. 이는 직원들이 업무에 압도되어 탈진하고 번아웃되었다고 느끼는 해로운 문화로 이어진다. 금융 서비스나 소매, 기술, 의료, 군대처럼 변화 속도가 빠른 산업의 조직들과 스타트업과 같은 신생 기업들도 종종 이처럼 고갈형 모드로 운영된다. 또한 연중 대부분 기간을 바쁘게 보내지만, 조직 구성원의 회복을 돕는 체계나 그럴 시간이 없는 조직도 이 사분면에 해당한다. 고갈형 모드로 운영되는 조직에서는 업무가 개인의 열정과 일치할 수 있지만(그래서 업무 몰입도가 높을 가능성이 크다), 업무 구조나 환경은 직원들의 건강과 웰빙에 상당한 부담이 된다. 그 결과 직원들은 오늘 하루를 버티기 위해 생존 모드, 즉 '브레인 오프' 상태에서 일하게 된다(3장의 '워리어' 사분면에 속한 개인과 매우 유사함). 장기적으로 보면 고갈형 조직은 건강하지 못한 임직원, 낮은 업무 몰입도, 높은 이직률, 더 큰 비용이 드는 오류와 문제, 업무 협력 한계, 혁신 부족 등으로 인해 대가를 치르게 된다.

지속 가능 조직 Sustainable Organization

지속 가능 조직은 오늘날 거의 모든 조직이 따라야 할 운영의 기준으로 여겨지는 조직 운영의 표준 모델이다. 물론 그렇게 생각한 이들은 더 강력하고 활력을 돋우는 방식, 즉 직장에서 보내는 하루를 더 잘 설계하는 좋은 방법이 있다는 사실을 몰랐을 뿐이다. 단지 괜찮은 업무성과와 임직원 사이의 괜찮은 관계를 넘어서 직원들을 한층 더 높은 수준으로 이끄는 새로운 '브레인 온!' 접근방법 말이다. 지속 가능한 조직은 직원들에게 '그럭저럭 괜찮은' 곳이다. 직원들에게 미치는 영향이 중립적이거나 *넷제

• 넷제로net zero : 탄소 배출량만큼 그에 상응하는 조치로 실질 배출량을 제로(0)로 만드는 노력

로 net zero 수준이기 때문이다. 이러한 조직은 사람 중심의 '올바른' 사고방식을 장려하고, 업무 몰입도나 직원 유지율과 같은 '올바른' 평가 기준을 도입했을 것이다. 그러나 조직이 보여주는 의사소통과 행동 패턴은 장기적으로 직원들의 업무 몰입도와 활력을 높이는 데 있어 대체로 일관성이 없다.

예를 들어, 지속 가능 조직은 혁신, 총보상, 또는 사회에 더 광범위한 영향을 미치는 일에 크게 투자하지 않으며, 그러한 가치에 확고하게 뿌리내리지도 않는다. 의사결정 체계는 여전히 인적 성과보다 사업 성과에 크게 치우쳐 있으며, 재무 전략은 기본적으로 사업상 필요에 가용 자원을 투입하는 데 치중하느라 사업 성과 개선의 핵심 요소인 인적자원에 대한 투자를 함께 고려하지 못한다. 이처럼 중요한 투자 계획은 매년 다음 해로 밀리거나 투자 우선순위 목록에서 사업상 필요에 자리를 내어주고 가장 아래로 밀려나기 일쑤다. 사실 나는 기업에서 수익성에 대한 압박이 어느 정도 수준인지 잘 이해하며 그런 현실에 충분히 공감하는 사람이다. 대학에서는 회계학을 전공했고, 사회생활 초반에 대형 비상장 기업에서 수천만 달러의 예산과 손익을 관리한 경험이 있기 때문이다. 그래서인지 몰라도 기업 CFO 등 고위 임원들과 일하면서 나는 정신적으로 강인한 조직을 구축하는 작업의 사업적 타당성과 이러한 접근방법을 구현해서 얻을 수 있는 가치를 효과적으로 전달하는 역량을 인정받고 있다. 정신적으로 강인한 조직을 구축하는 계획을 실행에 옮기는 데는 많은 돈이 들지 않는다. 단지 리더십 포지션에 있는 사람들의 열린 마음과 확고한 의지가 필요할 뿐이다. 조직에서 활용할 수 있는 최고의 '기술'이자 자산인 조직의 '집단적 뇌'를 업그레이드하는 데 조직의 역량을 집중하겠다는 의지 말이다.

요컨대, 지속 가능한 조직은 사업이 중심이기보다는 사람이 중심인 접근방법에 투자하지 않으며, 조직의 강점이나 사명이 개별 직원이 가진 강점에 부합하지도 않는다. 그리고 그 결과 직원들의 업무 몰입도를 크게 높이고 역량을 강화할 수 있는 엄청난 기회를 놓치고 있다.

회복형 조직 Regenerative Organization

회복형 조직이 된다는 것은 어느 한 조직이 스스로 설정할 수 있는 가장 높은 기준이다. 이는 구성원들이 '브레인 온!' 상태에서 에너지 넘치고 정신적으로 강인한 모습으로 매일 최상의 성과를 낼 수 있도록, 그들이 뛰는 운동장과 그 안에서 겪는 업무 경험을 만들어내고 유지하며 업그레이드하는 일에 조직이 강한 의지가 있기 때문이다.

회복형 '브레인 온!' 조직은 활력이 넘치고 영감이 샘솟는 곳이다. 이런 조직에서 협업은 자연스러운 일이며, 팀과 개인의 성과는 끊임없이 나아진다. 또한 조직은 직원들이 그날, 그달, 그 분기, 그리고 그해의 목표 지점으로 가는 길을 명확하게 보고 건강하고 에너지 넘치는 방식으로 결승점에 도달할 수 있도록 돕는다. 한편 구성원들은 조직의 사명을 이해할 뿐만 아니라 조직과 자신의 강점이 일치하고, 그 사명에서 영감을 받으며 조직의 일원이라고 느낀다. 또한 보다 협력적이면서 에너지를 회복할 수 있는 방식으로 목표를 향해 나아가는 방법도 알게 된다. 더 나아가 조직의 정점에 있는 리더부터 신입 직원에 이르기까지 모두에게 힘을 실어주는 긍정적인 '브레인 온!' 에너지가 조직 전체를 흐른다. 회복형 조직에서 모든 구성원은 우리 사회와 비즈니스 모두에서 자신이 속한 조직이 갖는 의미를 자랑스럽게 생각한다. 또한 모든 상호작용이나 회의에서 서로에게 힘을 주기 위해 다음과 같은 원칙을 따라야 한다는 점을 충분히 이해한다.

- 타인의 감정을 자극하지 않기 위해 어떤 이야기를 하거나 이메일에 답하기 전에 잠시 멈추고 자신의 감정 상태를 돌아보는 것은 바람직한 모습이다.
- 팀 구성원 가운데 누군가가 '브레인 오프' 상태에서 행동하고 있다면, 따뜻한 호기심과 연민의 마음으로 다가가 그 사람의 정신적 웰빙 상태를 확인한다.
- '브레인 온!' 접근방법의 보호자이자 수호자로서 행동한다. 이는 일이 잘 풀리지 않을 때도 서로를 다시 일으켜 세우고 '온라인' 상태로 돌아올 수 있도록 돕는다는 의미다. 조직의 리더와 관리자들은 직원들이 적절한 휴식을 통해 자신의 뇌에 에너지를 충전할 수 있도록 일과 중에 휴식 시간을 갖거나 심지어 하루를 통째로 쉬는 것을 장려하고 지원한다.

여기서 나는 업무 환경을 풍요롭게 하고 조직과 각 직원의 관계를 강화하며, 구성원들이 성장할 수 있는 생태계를 조성하기 위해 '브레인 온!' 회복형 조직이 따라야 하는 네 가지 원칙을 다음과 같이 제안한다.

제1원칙: 케어 계약 도입

전통적으로 노동자와 고용주 사이의 관계는 거래적 성격이 매우 강했다. 직원은 주어진 일을 완수하는 대가로 임금을 받았다. 이후 그 관계는 급여를 중심으로 각종 복리후생이 결합하여 인재를 유치하고 유지하는 방식으로 발전했다. 그러나 이 방식도 여전히 직원의 웰빙이나 개인적 삶을 고용 계약의 중심이자 바탕으로 여기지 않았다. 조직에서 일하는 동안 직원에 대한 조직의 책임과 배려를 충분히 고려하지 않은 것이다. 그에 반해 회복형 '브레인 온' 접근방법은 전통적인 HR 철학을 인재 유치와 유지를 넘어 보살핌의 영역까지 확장하여, 어떤 조직에 소속되어 일한다는 것의 장점을 직원들에게 필요한 정서적·심리적 지원을 제공하는 이른바 케어 계약care contract의 형태로 전환한다. 이와 같은 노력 중 일부는 조직을 운영하는 측면에서 DEIB에 집중하여 편견과 불평등을 해소하며, 직원들이 HR에서 제공하는 서비스 및 자원과 만나는 모든 경험에서 자신이 배려받고 있다고 느끼는 통합적인 HR 접근방법을 도입하는 방식으로 실현될 수 있다. 앞서 8장에서 소개한 개인 차원의 브레인 부스터, 즉 임직원의 자기 관리 활동을 지원하는 프로그램에서도 관련된 내용을 찾을 수 있다. 그리고 가장 중요한 점은 자신이 관리하는 직원을 대상으로 매일 이 케어 계약을 이행할 책임을 지닌 '브레인 온!' 리더를 양성하는 것이다. 결국 이 케어 계약은 새로운 차원의 직원 경험을 구현하는 시작점이다.

제2원칙: 감성지능 중심

조직 구성원들이 조직이 자신을 심리적으로 지원하고 있고 서로 연결되어 있으며 스스로 가치 있는 사람이라고 느끼기 위해서는 모두가 감정 자제와 감정 조절에 대해 학습하고 이해해야 한다. 이 두 가지 핵심 기술은 모든 학습 및 교육 과정에 포함될 필요가 있다. 조직의 성공을 좌우한다는 측면에서 직무 기술과 같은 수준의 '휴먼 스킬'이기 때문이다. 조직 차원에서 보면 감성지능 또한 중요한 역할을 한다. 조직이 회계연도 마감 또는 예산 수립 등으로 매우 바쁜 시기에 직원들은 더 많은 스트레스와 번아웃 증상을 느끼고 쉽게 '브레인 오프' 모드에 빠질 수 있다. 이때는 직원들이 감정 반응을 촉발하는 일을 더 많이 겪게 되며, 그 결과 오류와 문제, 긴장, 갈등이 증가한다. 따라서 이 시기에는 조직 운영 매뉴얼을 옆에 두고 자주 들여다보면서 지금까지 소개한 다양한 멘탈 피트니스 운동법을 꾸준히 실천해야 한다. 정신적으로 강인하고 감성지능이 높은 조직을 평가하는 핵심적인 기준은 바로 모든 의사결정과 의사소통에서 조직이 직원과 조직 간의 관계를 의도적으로 강화하는가 아니면 약화하는가이다.

제3원칙: 불필요한 감정 자극 없는 의사소통 보장

지금까지 배운 바와 같이, 잘못된 단어 선택은 감정 반응을 촉발하는 요인으로 작용하여 순식간에 직원들의 뇌가 제대로 기능하지 못하게 만들 수 있다. 그에 반해 올바른 단어는 직원들이 보내는 하루와 한 달, 더 나아가 한 해 전체를 움직이는 연료로 충분한 긍정적인 에너지를 불어넣을 수 있다. 독자 여러분의 조직에 내부 커뮤니케이션 전담 부서가 있든 아니면 특정 부서나 사업부 리더가 직원들에게 보내는 메시지를 직접 작성하든 상관없이, 그 메시지는 조직 구성원들이 미래를 향해 나아갈 수 있도록 긍정적이고 투명한 방식으로 이끄는 데 유일하게 초점을 맞춰야 한다. 직원들이 앞으로 무슨 일이 일어날지 몰라 긴장 상태에 빠지도록 내버려두어서는 안 된다. 그와 같은 긴장 상태는 불확실성을 유발하며, 불확실성은 직장에서 직원들이 가장 느끼고 싶지 않아 하는 감정이다. 구체적이고 명확한 의사소통은 사람들이 감정의 차원이 아닌 사고의 차원에서 업무를 처리하는 데 도움이 된다. 아울러 지속적인 임직원 피드백 요청은 직원들의 뇌에 보상을 제공하며, 직원들이 에너지 넘치는 상태를 유지하고 기업의 사명과 미래 방향에 계속해서 몰입할 수 있도록 하는 좋은 방법이다.

제4원칙: 성장형 사고방식에 대한 보상

앞서 5장에서는 개인의 목표 설정에 있어 강점 기반의 새로운 접근방법을 논의하는 데 상당한 지면을 할애했다. 이러한 목표 설정 방식은 조직 구성원들에게 성장형 사고방식을 가질 것을 기대하고 장려하기 때문에 조직 내에서 상당한 효과를 발휘한다. 직원과 팀은 성장하고 사업이 성공하려면 조직은 성장형 사고방식을 가진 직원에게 보상을 제공해야 한다. 조직 차원에서 볼 때 이 사고방식은 실패를 뭔가 배우는 기회로 여긴다면 실패해도 괜찮다는 생각을 강화한다. 심지어 어떤 기업에서는 '현명하게 실패'하고 이를 바탕으로 더 나은 프로세스를 구축하기 위해 무엇을 배웠는지 파악하는 직원에게 보상을 제공한다. 이런 보상은 모두 구성원들이 '브레인 온!' 상태를 유지하고, 조직의 혁신과 발전을 향한 열정을 불러일으키는 데 그 목적이 있다.

'브레인 온!' 조직 진단

독자 여러분이 일하는 조직과 그 문화가 이상의 네 가지 원칙을 어떻게 실행하고 있는지 평가하는 데 도움이 되는 '브레인 온!' 조직 진단 항목은 다음과 같다.

케어 평가
- 조직의 리더는 직원들을 진정으로 소중히 여기며, 직원들도 가치를 인정받고 있다고 느끼는가?
- 조직 구성원들은 단순히 특정한 직무나 업무를 수행하기 위해 존재하는 직원으로서가 아니라 인간으로서 서로를

존중하고 지원하며 배려하는가?
- 조직의 업무 환경, 정책, 프로그램 및 자원은 직원들이 모든 웰빙 측면에서 성공할 수 있도록 지원하는가?
- 직원들에게 생산적이면서 안전하게 일하는 데 필요한 도구와 자원이 제공되는가?
- 직원들이 진정성을 가지고 자기 자신을 드러낼 수 있도록 장려하고 지원하는가?
- 직장에서 보내는 일과의 일부로서 회복이 이루어지고 있는가?
- 직원들은 이곳에서 일하는 것에 행복과 자부심을 느끼는가?

감성지능 평가

- 조직 구성원들은 겉으로 드러나는 말과 행동에 나서기 전에 자기 내면의 '브레인 온!'을 먼저 충분히 익히는가?
- 조직의 리더와 업무 환경은 인센티브를 활용하여 직원들의 행동을 유도하는가, 아니면 직원들에게 자율성을 부여하고 지원하는가?
- 직원들은 각자 자신의 뇌를 끊임없이 업그레이드하고 최고의 자아가 되기 위해 노력할 것을 장려받는가?
- 상호작용과 의사결정, 의사소통은 '브레인 온!' 접근방법을 바탕으로 이루어지는가?
- 바쁜 시기나 스트레스가 많은 날, 또는 일상적인 업무나 각종 회의를 시작하는 시점에 의도적으로 잠시 멈추거나 전

략적으로 침묵하는 시간이 반영되어 있는가?
- 호기심과 연민, 공감, 그리고 고마움이 담긴 질문이 이해와 발견의 토대를 이루는가?

의사소통 평가

- 조직의 사명과 비전, 가치는 명확하게 표현되어 있는가? 그리고 모든 직원은 자신이 그 사명과 비전, 가치에 얼마나 적합한 사람인지 알고 있는가?
- 조직 구성원들에게 명확하고 의미 있는 의사소통이 적시에 이루어지는가? 구성원들은 자기 생각과 피드백을 공유할 것을 장려받는가?
- 직원들은 자신의 책무를 기꺼이 받아들이는가? 규칙이 명확하며 모든 사람에게 똑같이 적용되는가?
- 조직에서 사용되는 말과 언어가 조직과 직원의 관계 및 동료 간의 관계를 강화하는가?

성장형 사고방식 평가

- 직원들은 각자 자신의 강점을 활용할 수 있도록 권한을 부여받고 지원받고 있는가?
- 단순한 업무성과 측정이 아니라 꾸준한 성장과 발전을 위해 직원들에게 연중 수시로 피드백을 제공하는가?
- 업무 환경이 혁신, 창의성, 그리고 의미 있는 일을 촉진하는가?

- 조직 구성원들은 목적의식을 가지고 자신이 원하는 바를 충분히 성취하고 있는가?
- 성장형 사고방식이 모든 학습의 근간인가?

매일 다시 태어나는 정신은 에너지를 불어넣는다

할리우드에서 유행하는 표현을 빌리자면, 회복형 '브레인 온!' 조직은 ▲잇 팩터it factor를 갖춘 조직이다. 이러한 조직에는 다소 모호하지만 매우 매력적인 본질이 있다. 그리고 이 본질은 처음 조직과 상호작용할 때 살짝 엿볼 수는 있지만, 실제로는 그 조직 문화 속에서 한동안 일한 뒤에야 진정으로 경험할 수 있다. 바로 사람들이 매일같이 함께 일하며 느끼는 감정인 동시에 배려와 연민의 마음 그리고 협력과 연결의 태도로 서로를 대하는 방식이다. 회복형 조직에서는 회의가 시작되는 즉시 회의실 전체에 에너지가 퍼져나간다. 모든 사람이 소속감을 느끼며, 어떤 숨겨진 의도나 은밀한 계획도 없다. 사람들은 하루를 시작할 때보다 더 활기차고 충만한 상태로 하루를 마무리한다.

웰빙 전문가로서 오랜 기간 수백 개의 기업과 함께 일하며 내가 반복해서 배우고 본 바에 따르면, 사람이나 성과 문제의 근

▲ 잇 팩터it factor: 어떤 사람이나 사물이 사람을 강하게 끌어당기는 형용할 수 없는 매력, 존재감, 특별함을 갖고 있을 때 쓰는 표현

본 원인은 조직 구성원이 '브레인 오프' 상태에서 일한다는 데 있다. 살아 숨 쉬는 조직을 만들어내는 일은 '브레인 온!' 접근방법에 전념하는 것에서 시작된다. 그리고 이 접근방법에서 구성원들은 자기 뇌의 작동 방식, 자신의 뇌와 더 좋은 관계를 맺는 방법, 자신이 '브레인 오프' 상태일 때 이를 자각하는 방법, 그리고 직장에서 온종일 에너지 넘치는 상태를 유지하는 습관과 기술을 갖추는 방법을 배우게 된다.

이는 개인과 조직 모두를 위한 본질적으로 새로운 조직 운영 시스템으로, 인간을 중심에 두고 인간에 의해 설계되어 우리가 생각하고 느끼고 일하는 방식을 전부 재구성한다. 개인, 조직 및 사회 차원에서 우리가 미래에 맞이할 행복과 성공은 바로 매일 다시 태어나는 이 에너지와 정신을 포착하는 데 달려있다. 독자 여러분의 뇌에 '브레인 온!'을 기원한다.

에필로그

이제 시작이다! 오늘도 성공적인 하루를 만들자!

준비, 출발! '브레인 온!'

독자 여러분, 축하합니다! 여러분의 트레이너와 함께 이 책을 끝까지 읽은 지금은 우리가 직장 생활에서 다른 무엇보다도 정신적 웰빙을 최우선 과제로 삼아야 한다는 것이 얼마나 중요한지 분명히 이해하고 있을 것이다.

그러나 정신적 웰빙과 멘탈 피트니스 운동에 대한 이 기본적인 이해는 시작에 불과하다. 독자 여러분이 기업 임원이든 HR 전문가이든 혹은 조직에서 신뢰받는 직원이든 상관없이, 여러분 앞에 놓인 다음 과제는, 습득한 지식을 바탕으로 수립한 다양한 전략과 실천 방법을 직장에서 업무에 적용하는 한편 이러한 전략과 이를 실천한 경험을 직장 동료 및 친구들과 공유하는 것이다.

오늘, 바로 지금, 내가 독자 여러분에게 제안하는 기회는 바로 기존의 방식을 뒤집어서 직장에서 매일 성공적인 하루를 만드는 것이다. 그리고 그 첫 단계는 이 책에서 지금까지 이야기한 두 가지 가이드북과 그 안에 담긴 여러 멘탈 피트니스 운동법을 활용하여 이전에 익숙해진 비효율적인 업무 습관(즉 '브레인 오프' 상태에서 자율주행 자동차처럼 활동하는 습관)에 굴복하지 않도록 유의하는 것이다.

직장에서 성공적인 하루를 만드는 데 있어 가장 중요한 것은 매일 실천하는 꾸준함이다. 매일 직장에서 우리는 끊임없이 변하는 험난한 장애물 코스를 헤쳐나가야 하므로 가능한 한 빨리 멘탈 피트니스 훈련을 시작하는 것이 좋다. 여기서 좋은 소식은 직장에서 우리를 녹초로 만드는 장애물 코스의 90퍼센트는 일정표와 할 일 목록에 잘 정리되어 있어서 우리가 이미 알고 있다는 사실이다. 그리고 가장 좋은 소식은 뇌의 근육을 강화하는 데는 특별한 장비나 최신 운동기구가 필요하지 않다는 점이다. 확고한 의지와 긍정적인 태도, 스스로에 대한 인내심만 있다면 최고의 뇌 운동 성과를 낼 수 있다.

독자 여러분도 지금 바로 시작할 수 있다.

다시 한번 강조하지만, 인간의 뇌는 태초부터 단 한 차례도 업그레이드된 사실이 없다는 점을 늘 명심해야 한다. 습관은 하룻밤 사이에 바뀌지 않으며, 뇌를 업그레이드하려면 일정 수준의 노력과 헌신이 필요하다. 물론 우리가 일하는 직장은 지금까지 배운 다양한 기술을 연습하고 정신적 강인함을 키울 수많은 기회를 제공한다.

직장에서 하루를 보내면서 자신이 '브레인 온!' 상태인지 아니면 '브레인 오프' 상태인지 인식하는 것만으로도 원하는 결과를 얻는 데 큰 도움이 될 것이다. 또한 집중력과 호기심, 감사하는 마음으로 업무에 집중하면서 주의가 산만해지지 않게 유의해야 한다. 이 세 가지 자질은 직장에서 독자 여러분이 한층 더 정신적으로 예리해지게 하는 것은 물론이고 일상 속 멘탈 피트니스 운동에서 즉각적인 결과와 중요한 성과를 창출하는 데 도움이 될 것이다.

또한 '눈에서 멀어지면 마음에서도 멀어지는 법이다'라는 말도 기억하기를 바란다. 다시 말해서, '브레인 온!'은 독자 여러분이 필요할 때마다 활용할 수 있도록 가장 가까이에 두어야 하는 유용한 자원이다. 무언가에 화나거나 당혹스럽거나 혹은 압도당한다는 느낌이 들고, 자신의 뇌가 '오프라인' 상태에 있어서 재조정할 필요가 있다는 신호를 인식할 때는 언제나 '브레인 온!'이 가장 손쉽게 접근할 수 있고 항상 머릿속에 떠올릴 수 있는 접근 방법이어야 한다. 따라서 '브레인 온!'은 앞으로 독자 여러분에게 최고의 실무 교육 자료가 될 것이다.

이 책은 독자 여러분이 '브레인 온!' 접근방법을 수시로 떠올리고 찾아볼 수 있는 중요한 자료로서, 끊임없이 자신을 돌아보고 무슨 일이 일어나고 있는지 이해하는 데 많은 도움이 될 것이다. 그러고 나면 여러분은 자신의 뇌를 재설정하고 재충전하여 '브레인 온!' 상태로 되돌릴 수 있다.

조직 차원에서 보면, 통합적인 HR 접근방법과 '브레인 온!' 프레임워크를 도입함으로써 뇌 친화적인 업무 환경을 조성하고

드는 것이다. 그리고 그 첫 단계는 이 책에서 지금까지 이야기한 두 가지 가이드북과 그 안에 담긴 여러 멘탈 피트니스 운동법을 활용하여 이전에 익숙해진 비효율적인 업무 습관(즉 '브레인 오프' 상태에서 자율주행 자동차처럼 활동하는 습관)에 굴복하지 않도록 유의하는 것이다.

직장에서 성공적인 하루를 만드는 데 있어 가장 중요한 것은 매일 실천하는 꾸준함이다. 매일 직장에서 우리는 끊임없이 변하는 험난한 장애물 코스를 헤쳐나가야 하므로 가능한 한 빨리 멘탈 피트니스 훈련을 시작하는 것이 좋다. 여기서 좋은 소식은 직장에서 우리를 녹초로 만드는 장애물 코스의 90퍼센트는 일정표와 할 일 목록에 잘 정리되어 있어서 우리가 이미 알고 있다는 사실이다. 그리고 가장 좋은 소식은 뇌의 근육을 강화하는 데는 특별한 장비나 최신 운동기구가 필요하지 않다는 점이다. 확고한 의지와 긍정적인 태도, 스스로에 대한 인내심만 있다면 최고의 뇌 운동 성과를 낼 수 있다.

독자 여러분도 지금 바로 시작할 수 있다.

다시 한번 강조하지만, 인간의 뇌는 태초부터 단 한 차례도 업그레이드된 사실이 없다는 점을 늘 명심해야 한다. 습관은 하룻밤 사이에 바뀌지 않으며, 뇌를 업그레이드하려면 일정 수준의 노력과 헌신이 필요하다. 물론 우리가 일하는 직장은 지금까지 배운 다양한 기술을 연습하고 정신적 강인함을 키울 수많은 기회를 제공한다.

직장에서 하루를 보내면서 자신이 '브레인 온!' 상태인지 아니면 '브레인 오프' 상태인지 인식하는 것만으로도 원하는 결과를 얻는 데 큰 도움이 될 것이다. 또한 집중력과 호기심, 감사하는 마음으로 업무에 집중하면서 주의가 산만해지지 않게 유의해야 한다. 이 세 가지 자질은 직장에서 독자 여러분이 한층 더 정신적으로 예리해지게 하는 것은 물론이고 일상 속 멘탈 피트니스 운동에서 즉각적인 결과와 중요한 성과를 창출하는 데 도움이 될 것이다.

또한 '눈에서 멀어지면 마음에서도 멀어지는 법이다'라는 말도 기억하기를 바란다. 다시 말해서, '브레인 온!'은 독자 여러분이 필요할 때마다 활용할 수 있도록 가장 가까이에 두어야 하는 유용한 자원이다. 무언가에 화나거나 당혹스럽거나 혹은 압도당한다는 느낌이 들고, 자신의 뇌가 '오프라인' 상태에 있어서 재조정할 필요가 있다는 신호를 인식할 때는 언제나 '브레인 온!'이 가장 손쉽게 접근할 수 있고 항상 머릿속에 떠올릴 수 있는 접근방법이어야 한다. 따라서 '브레인 온!'은 앞으로 독자 여러분에게 최고의 실무 교육 자료가 될 것이다.

이 책은 독자 여러분이 '브레인 온!' 접근방법을 수시로 떠올리고 찾아볼 수 있는 중요한 자료로서, 끊임없이 자신을 돌아보고 무슨 일이 일어나고 있는지 이해하는 데 많은 도움이 될 것이다. 그러고 나면 여러분은 자신의 뇌를 재설정하고 재충전하여 '브레인 온!' 상태로 되돌릴 수 있다.

조직 차원에서 보면, 통합적인 HR 접근방법과 '브레인 온!' 프레임워크를 도입함으로써 뇌 친화적인 업무 환경을 조성하고 강화하며 지원하는 일을 곧바로 시작할 수 있다. 독자 여러분은 이제 장애물 코스를 헤쳐나갈 준비를 마쳤고, 수많은 성장 기회와 인간관계, 그리고 높은 성과와 보람 있는 경험으로 가득 채워질 것이다.

독자 여러분은 성공할 준비가 끝났다. 이제 정신적 웰빙을 가장 중요한 가치로 생각하는 데 필요한 모든 지식과 도구는 물론, 직장에서 오늘과 앞으로 마주하게 될 하루하루를 성공으로 이끄는 전략과 전술, 그리고 기술까지 모두 갖추고 있기 때문이다.

브레인 온! 시작!
이제, 독자 여러분도 할 수 있다!
오늘을 더 에너지 넘치고, 집중력 있으며
회복력 강한 하루로 만들 것이다.

생각도 감정도 무기력할 때, 브레인 온!

뇌가 지쳤을 뿐이에요

초판 1쇄 발행	2025년 7월 30일
지은이	뎁 스몰렌스키
옮긴이	이상훈
펴낸이	신호정
편집	이미정, 김수민
마케팅	백혜연, 홍세영
디자인	이지숙
펴낸곳	책장속북스
신고번호	제 2024-000027호
주소	서울시 송파구 양재대로 71길 16-28 원당빌딩 4층
대표번호	02)2088-2887
팩스	02)6008-9050
이메일	chaeg_jang@naver.com
인스타그램	@chaegjang_books
ISBN	979-11-992805-2-6 (03190)

- 이 책은 저작권법에 따라 보호받는 저작물입니다.
- ㈜책장속북스와 저작권자의 허락 없이 이 책의 일부 또는 전체를 복사하거나 전재하는 행위를 금합니다.
- 잘못된 책은 구입한 서점에서 바꾸어 드립니다.
- 책값은 뒤표지에 있습니다.

아래는 후원자 명단입니다.
예스 펀딩에 참여해 주신 독자님께 진심으로 감사드립니다.

K, 귤스, 김거형, 김광순, 김동일, 김륜현, 김성표, 김성희, 김정자, 김태화, 김태훈,
남성현, 노진석, 맹대영, 박민혜, 박철호, 배종미, 백명기, 변재철, 신승한, 신지원,
심수정, 여원구, 윤성근, 윤세영, 이상익, 이지현, 이진희, 임성은, 정소민, 정승희,
정원용, 정형원, 조현진, 최경화, 최수호, 최유식, 허시영, 홍성훈